W0178511

WIDMUNG

Für die Tiere,
die geliebten und die gefolterten.
Und für alle anderen.

Unser Verlagsprogramm finden Sie unter
www.christian-verlag.de

Produktmanagement: Eva Dotterweich, Anne Heinel
Redaktion und Satz: Gundula Müller-Wallraf
Korrektur: Monika Judä
Layout, Umschlaggestaltung und Erstsatz: Heike Gürtler
Repro: Repro Ludwig, Zell am See
Herstellung: Bettina Schippel
Text und Rezepte: Christina Julius
Fotografie: Nicolas Leser
Foodstyling: Ulrike Skadow

Gesamtherstellung: GeraNova Bruckmann GmbH

Alle Angaben dieses Werkes wurden von der
Autorin sorgfältig recherchiert und auf den
neuesten Stand gebracht sowie vom Verlag geprüft.
Für die Richtigkeit der Angaben kann jedoch keine
Haftung übernommen werden.

Die Deutsche Nationalbibliothek verzeichnet diese
Publikation in der Deutschen Nationalbibliografie;
detaillierte bibliografische Daten sind im Internet über
http://dnb.d-nb.de abrufbar.

Printed in Slovenia by Neografia Martin

ISBN 978-3-86244-592-9

Soweit nicht anders angegeben,
sind die Zutatenmengen für
jeweils 4 Portionen berechnet.

Diese Zeichen bedeuten:

⊘ ohne Gluten*

⊘ ohne Soja

*Das Glutenfrei-Symbol ist ein eingetragenes Warenzeichen der
Deutschen Zöliakie-Gesellschaft e. V. (DZG).

Internationale Klassiker

VEGAN

120 Rezepte von Teriyaki-Tofusteak bis Pannacotta

CHRISTIAN

INHALT

Ich bin schon immer gern gereist – als Kind durch ganz Europa, in meinen Zwanzigern mit dem Rucksack durch Asien und noch heute verbringe ich mehrere Monate im Jahr auf Reisen, bilde auf der wunderbaren Insel Bali vegane Küchenchefs aus aller Welt aus und genieße Klima und Kultur. Ob in China oder den USA, überall entdecke ich neue Argumente, die für eine vegane Lebensweise sprechen, vom Entsetzen über die Grausamkeit industrieller Tierhaltung bis hin zur spirituellen Praxis der Gewaltlosigkeit, der sogenannten *ahimsa*, die weltweit von Millionen Jains, Buddhisten und Yogis propagiert wird. Auch unter ökologischen Gesichtspunkten ist es unbestritten, dass wir unseren Fleischkonsum drastisch einschränken müssen, ethisch wird die Versklavung von Tieren in der Milch- und Eierindustrie immer schärfer kritisiert. Ob Umweltaktivist, Yogi oder Tierliebhaber: Uns alle verbindet der Wunsch nach einem mit köstlichen und nahrhaften Speisen gedeckten Tisch, ohne andere Lebewesen dafür opfern zu müssen.

In meinen ersten Jahren als Veganerin kochte und aß ich viel *dal*, das nahrhafte indische Linsencurry. Auch Salate aller Art sowie viele fruchtige Müslis standen auf dem Speiseplan. Motiviert von Freunden und Familie, die meinen Ernährungswünschen immer geduldig und liebevoll begegnet sind, suchte ich nach neuen Rezepten und experimentierte mit neuen Methoden. Dieses Kochbuch ist meine persönliche Rezeptsammlung: Ich lernte von Küchenchefs aus Indien, von den Philippinen, aus Thailand, Japan und Australien und habe mich von großartigen Kochbüchern und Blogs von kreativen veganen Köchen auf der ganzen Welt inspirieren lassen. Vor allem aber lernte ich von Freunden und Familie beim gemeinsamen Schnippeln, Lachen und Essen.

In meiner vollwertigen veganen Küche verwende ich vorwiegend regionale und saisonale Zutaten in ökologischer Qualität. Ich experimentiere gern und esse lieber Löwenzahn, Giersch oder Brennnesseln aus dem Garten als Spinat aus der Plastikschale. Wo immer es geht, vermeide ich bereits verarbeitete Produkte, raffiniertes Mehl und Zucker. Über die Jahre konnte ich beobachten, wie aufgrund der stetig sinkenden Qualität unserer Backwaren und unseres Getreides immer mehr Menschen unter Glutenunverträglichkeit leiden. Auch Tofu und andere Sojaprodukte gehören nicht zu den beliebtesten und bekömmlichsten Zutaten. Daher ist der Großteil der Rezepte in diesem Kochbuch frei von Gluten und Soja. Falls Sie an einer Glutenunverträglichkeit leiden, achten Sie bei der Verwendung von *miso* und anderen Sojaprodukten bitte auf die Inhaltsstoffe – diese können Weizen enthalten.

In verschiedenen Rezepten finden Sie kleine Helfer, die für eine herzhafte und aromareiche vegane Küche unentbehrlich sind: *miso*, *tamari*- (weizen- und damit glutenfrei) oder *shoyu*-Sojasauce, Steinpilzpulver und Hefeflocken für einen »käsigen« Geschmack. Das schon in der Antike verwendete Natron (in der Backwarenabteilung erhältlich) hilft, Hülsenfrüchte schneller weich zu kochen. *Tahine*, das Sesammus aus dem Nahen Osten, ist ein wichtiger Kalziumlieferant und schmeckt mit etwas Zitronensaft oder Senf in Hummus, Saucen und Dressings köstlich. In der Alltagsküche verwende ich nur wenig Öl, für Salate und kalte Gerichte am liebsten kalt gepresste Nussöle oder Leinöl. Zum Kochen oder Backen eignen sich dagegen nur raffinierte und dadurch hitzebeständige Fette wie Alsan, Sonnenblumen- oder Olivenöl aus dem Supermarkt. Außerdem bevorzuge ich Hafer- und Mandelmilch und -sahne. Hafermilch lässt sich für einen schönen Cappuccino sogar richtig gut aufschäumen!

Jeder Koch hat seine Eigenarten und vor allem seine ganz persönlichen Maßeinheiten. Meine Temperaturangaben zum Heizen des Backofens beziehen sich auf Ober- und Unterhitze. Bei Nutzung eines Umluftofens die Temperatur bitte jeweils um 20 °C reduzieren. Als Esslöffelmaß (EL) bezeichne ich einen leicht gehäuften, mittelgroßen Suppenlöffel und als Teelöffelmaß (TL) verwende ich einen gewöhnlichen Kaffeelöffel. Meine Bratölmengen sind für gusseiserne Pfannen gerechnet, mit einer beschichteten Pfanne wird nur die Hälfte benötigt. Soweit nicht anders angegeben, sind die Zutatenmengen aller Rezepte für vier Portionen berechnet.

Ich hoffe, dass diese Rezepte neuen, eingeschworenen und halbherzigen Veganern frische Ideen und Genüsse bieten und alle dazu inspirieren, der Liebe und der Lebensfreude etwas mehr Raum zu geben. Das war mein großer Wunsch bei diesem Projekt.

Schon um 10 000 v. Chr. handelten die Völker am Indischen Ozean mit den Arabern und später mit den Europäern mit Gold, Seide, Perlen, Edelsteinen – und nicht zuletzt mit Gewürzen. Der exotische Duft und Geschmack von Ingwer, Kurkuma, Kardmom, Zimt und Pfeffer faszinierten die Menschen im Westen seit jeher und so gehörten diese Gewürze zu den Luxusgütern, die auf den abenteuerlichsten Routen quer durch die bekannte Welt transportiert und gehandelt wurden.

Die getrockneten Samen, Früchte, Wurzeln und Rinden wurden zum Würzen, Färben und Konservieren von Nahrung verwendet, aber wegen der entzündungshemmenden Wirkung etwa von Knoblauch, Kurkuma oder Ingwer auch zu medizinischen Zwecken. In allen Küchen Indiens, Thailands, Vietnams oder Kambodschas werden Gewürzpasten und *masalas* gemischt, gemörsert und mit frischen Zutaten zu exotisch duftenden Suppen und Currys verarbeitet. Jede Köchin hat ihre eigenen Rezepte und auf dem Lehrplan der Kochschulen in Bangkok, Ubud und Mumbai stehen Currypasten ganz oben.

INDIEN & SÜDOSTASIEN

Vegane Klassiker – ein Feuerwerk für die Sinne

Es sind nicht nur die so ganz »uneuropäischen« Gewürze, die uns an der indischen Küche faszinieren. Ganz wesentlich sind es auch die natürliche Leidenschaft und Freude am Kochen und Essen. Es sind die verführerisch aromatischen Kräuter wie Thai-Basilikum, Koriander oder indische Curryblätter, die exotischen Zutaten wie Kokosnuss, Zitronengras, Erdnüsse und die Blätter des Kaffirlimettenbaumes, die magischen und heilenden Zutatenkombinationen und das Feuerwerk der Aromen, das auf allen Papillen der Zunge explodiert. Und es ist die oft geradezu unglaubliche Einfachheit der Rezepte.

Die in Indien und Südostasien viel verarbeiteten Gemüsesorten unterscheiden sich überraschenderweise nicht sonderlich von den in Europa beliebten. Hier wie dort findet man Auberginen, Karotten, Mais, Zwiebeln und Blumenkohl ebenso wie Chinakohl und Spinat. Das Produkt ist nur meist viel frischer, vitaler, knackiger. Den Weg zum Asialaden, um bestimmte Bohnen, grüne Papayas oder Babymais- kölbchen zu kaufen, die wochenlang teuer gekühlt rund um den Erdball verschifft wurden, kann man sich also sparen. In den letzten Jahren habe ich auf meinen Reisen wundervolle Kochkurse besucht und ayurvedischen Köchen, Küchenchefs, Haus- und Marktfrauen in die Töpfe geschaut. Ausnahmslos empfahlen sie, so weit wie möglich regionale Zutaten zu verwenden, die so viel frischer, schmackhafter und nahrhafter sind. Das kann ich nur unterschreiben!

Die folgenden Rezepte sind meine Favoriten dieser vielseitigen Küchentradition – exotisch und doch einfach. Die vegane *khao-soi*-Suppe ist die Spezialität meiner zweiten Heimat, der nordthailändischen Stadt Chiang Mai. Die Zubereitung von *pad thai* und den köstlichen Bananen in Kokosmilch lernte ich von Duan, der Inha- berin des kleinen veganen Restaurants mit Kochschule »Morning Glory«. Gemeinsam gingen wir zum Markt, wählten die frischen Zutaten aus und ließen uns Kräuter und Saisonales empfehlen. Zurück in der Küche wurde der Wok aufgeheizt und wir kochten zusammen ein Festmahl mit Snacks, Vorspeisen, Dips und Currys … und unendlich vielen Kokosbananen! Viele der indischen Gerichte stammen aus Rishikesh, einem von Yogis und Gläubigen viel besuchten Pilgerort in Nordindien, und wurden mir von Ganesh, einem ayurvedischen Heiler und Kochlehrer, beigebracht. Tagelang erklärte er geduldig Zutaten, Gewürze, Kochtechniken und ihre Wirkung auf verschiedene Konstitutionen und Erkrankungen. In der ayurvedischen Küche ist Frische so wichtig, dass niemals Reste aufbewahrt werden.

Lassen Sie sich nicht von den manchmal vielleicht etwas fremd wirkenden Zutaten davon abbringen, diese Rezepte auszuprobieren. Ich habe stets darauf geachtet, diejenigen der von Ganesh und Duan empfohlenen Ingredienzen zu wählen, die auch bei uns leicht erhältlich sind.

SOM TAM – GRÜNE-PAPAYA-SALAT ⊗

SOM-TAM-Verkäufer stehen in Thailand an jeder Ecke. Der gleichzeitig scharf, süß, sauer und salzig schmeckende Salat wird für jeden Kunden frisch in einem großen Mörser zubereitet, ganz nach Geschmack. Dieses Rezept lernte ich in einer ländlichen und biologischen Kochschule in den Bergen Nordthailands.

Vorbereitung: 15 Minuten

ZUTATEN

3 EL ungesalzene Erdnüsse
   oder Cashewkerne
400 g grüne Papayas
   oder ein anderes rohes Gemüse
200 g Spargelbohnen oder
   Zuckerschoten
2–3 kleine scharfe Chilischoten
2 Knoblauchzehen
1 EL Agavendicksaft
100 g Cocktailtomaten
Saft von 3 Limetten
4 EL *tamari* (japanische Sojasauce)
2 Frühlingszwiebeln, in feine Scheiben
   geschnitten

Die Erdnüsse oder Cashewkerne in einer Pfanne ohne Fett goldbraun rösten. Die Papayas mit einem Spiralschneider oder Thai-Gemüsehobel in dünne Streifen schneiden, die Spargelbohnen oder Zuckerschoten schräg in 3 cm lange Stücke schneiden. In einem großen Mörser die Chilischoten, die Knoblauchzehen, den Agavendicksaft und die Cocktailtomaten grob zerdrücken und alles gründlich vermischen. Den Limettensaft und die *tamari* dazugeben und untermischen. In eine Salatschüssel geben, die Papayastreifen hinzufügen und alles gut vermengen. Zum Servieren mit den Erdnüssen oder Cashewkernen und den Frühlingszwiebeln bestreuen.

Zutatentipp: grüne Papayas

Grüne Papayas sind ganz einfach unreife Papayas. Sie werden wie grüne Mangos in Asien viel in Salaten oder sauer eingelegt gegessen. Erhältlich sind sie in Asialäden, sie lassen sich aber auch wunderbar durch Zucchini, Rettich, grüne Äpfel, Karotten, Rote Bete, Pastinaken oder Salatgurken ersetzen.

SAJUR URAP – BALINESISCHER GEMÜSESALAT ⊗ ⊗

Auf Bali spricht man der Kokosnuss magische Kräfte zu. Daher tauchen Kokosflocken, Kokosöl oder Kokosmilch in fast jedem Gericht auf. Das Gleiche gilt für die Kurkumawurzel, die auch bei uns als Heilpflanze bekannt ist. Dieser Salat wird immer mit dem Gemüse zubereitet, das gerade erhältlich ist. Sojasprossen und grünes Gemüse sind immer dabei!

Vorbereitung: 20 Minuten • Kochzeit: 8 Minuten •
Hilfsmittel: Dämpfkorb

ZUTATEN

Zum Bestreuen:
120 g Kokosraspel
2 rote Zwiebeln
2 EL Kokosöl

Für das Dressing:
3 Kaffirlimettenblätter
2–3 Schalotten
1 Stück Kurkumawurzel (ca. 2 cm)
    oder 1 TL gemahlene Kurkuma
1 Stück Galangalwurzel (ca. 2 cm),
    nach Belieben
3–4 Macadamianüsse oder 40 g Pinienkerne
1–2 scharfe Chilischoten
    oder 1 TL Chiliflocken
1 Knoblauchzehe
4 EL Kokosöl oder anderes Öl zum Anbraten
1 EL mittelscharfer Senf
    oder 1 EL helle *miso* (dann nicht sojafrei)
Saft von 1 Limette

Für die Gemüsemischung:
400 g Spinatblätter
200 g grüne Bohnen
200 g Kohl
120 g Linsensprossen
(oder jede beliebige andere Kombination)

Die Kokosraspel in einer kleinen Pfanne ohne Öl hellbraun rösten. Beiseitelegen. Zwiebeln in feine Streifen schneiden und in Kokosöl knusprig braten.

Für das Dressing die Limettenblätter der Länge nach falten und die harte Mittelrippe herausschneiden. Dann die Blätter einzeln aufrollen und in ganz feine Streifen schneiden. Die Schalotten, die Kurkumawurzel, nach Belieben die Galangalwurzel, die Macadamianüsse, die Chilischoten und den Knoblauch fein hacken und alles zusammen mit den Limettenblättern im Öl gut anschwitzen. In eine kleine Schüssel geben. Den Senf oder die *miso* und den Limettensaft hinzufügen und alles mit dem Stabmixer fein pürieren, bei Bedarf 1–2 EL Wasser oder Limettensaft einarbeiten. Die Hälfte der gerösteten Kokosraspel einrühren.

Das Gemüse waschen, den Spinat von den harten Rippen befreien, die Bohnen putzen und den Kohl in feine Streifen schneiden. In einem Topf mit Dämpfeinsatz Wasser zum Kochen bringen. Die Bohnen, die Sprossen und den Kohl 5 Minuten dämpfen, dann den Spinat dazugeben und alles weitere 30 Sekunden dämpfen.

Das gedämpfte Gemüse in dem Dressing wenden, mit den Röstzwiebeln und den restlichen Kokosraspeln bestreuen und warm servieren.

THAI-FRÜHLINGSROLLEN MIT HOT CHILI SAUCE ⊗

Diese leichten Frühlingsrollen sind eine köstliche Art, rohes Gemüse zu essen! Mit frischen Kräutern und in eine selbst gemachte, feurige HOT CHILI SAUCE getunkt, schmecken sie am besten.

Vorbereitung: 30 Minuten • Kochzeit: 10 Minuten

ZUTATEN

Für die *hot chili sauce*:

1 Schalotte, fein gehackt
2 EL Kokos- oder Rapsöl
3 Knoblauchzehen, fein gehackt
1 EL Chiliflocken
4 EL Agavendicksaft
Saft von 1 Limette
1 EL *tamari* (japanische Sojasauce)

Für die Rollen:

50 g Sesamsamen
50 g Kokosraspel
2 Karotten
½ Salatgurke
1 rote Paprikaschote
8 runde Reispapierblätter
  (plus ein paar zusätzlich, da sie gerne reißen)
50 g Babyspinat
einige Blätter Thai-Basilikum
einige Blätter Minze
50 g Linsensprossen

Für die *hot chili sauce* die gehackte Schalotte in einer kleinen Pfanne im Öl weich schwitzen. Den Knoblauch und die Chiliflocken dazugeben und alles sanft anbräunen (wenn der Knoblauch anbrennt, wird er bitter). Die Mischung mit 4 EL Wasser und dem Agavendicksaft ablöschen. Den Limettensaft und die *tamari* dazugeben und alles auf kleiner Flamme köcheln lassen, bis die Sauce eindickt. Vom Herd nehmen und abkühlen lassen.

Für die Rollen die Sesamsamen und Kokosraspel in einer kleinen Pfanne goldbraun rösten. Beiseitelegen. Die Karotten und die Gurke schälen und in ganz feine Streifen schneiden. Die Paprikaschote von Samen und Scheidewänden befreien und in feine Streifen schneiden.

Ein Gefäß mit einem größeren Durchmesser als dem der Reispapierblätter 3–4 cm hoch mit heißem Wasser füllen. Je ein Reispapierblatt 30 Sekunden in das heiße Wasser eintauchen und dann vorsichtig auf einer sauberen Arbeitsfläche ausbreiten. Die Spinatblätter und die Kräuter auf einem etwa 10 x 3 cm breiten Streifen im unteren Drittel des Reispapierblattes verteilen. Mit den Gemüsestreifen, den Sprossen, den gerösteten Kokosraspeln und dem Sesam belegen. Die Seitenränder des Blattes nach innen über die Füllung klappen und das Blatt von unten gleichmäßig aufrollen.

Ganz frisch mit viel *hot chili sauce* genießen!

SAMOSA MASALA ⊗

SAMOSAS sind wohl das Nationalgericht Indiens und stammen ursprünglich aus dem Pandschab. Dieser Imbiss wird traditionell mit einer Kartoffel-Erbsen-Füllung zubereitet. Ich bevorzuge die Füllung mit leicht angebräunten Zwiebeln, die Kartoffeln lassen sich gut durch Hokkaido-Kürbis oder Süßkartoffeln ersetzen.

Vorbereitung: 30 Minuten • Kochzeit: 30 Minuten

ZUTATEN

Für den Teig:

150 g Weizenmehl (Vollkornanteil bis 50 %)
2 EL Sonnenblumenöl
¼ TL *ajowan*-Samen
½ TL Salz

Für die Füllung:

2 große Kartoffeln
80 g Erbsen (frisch oder tiefgekühlt)
2 EL Sonnenblumenöl
½ TL Kreuzkümmelsamen
½ TL Koriandersamen
1 Schalotte, fein gehackt
1 Stück frischer Ingwer (ca. 2 cm), gerieben
1–2 scharfe Chilischoten, fein gehackt
1 Knoblauchzehe, zerdrückt
½ TL Chiliflocken
1 Msp. gemahlene Kurkuma
1 EL Agavendicksaft
½ TL *garam masala* (indische Gewürzmischung) oder Zimt-*masala* (siehe Seite 40)
½ TL Meersalz
2 EL gehacktes Koriandergrün

Zum Frittieren:

200 ml Sonnenblumenöl

Das Mehl, das Öl, die *ajowan*-Samen und das Salz in einer Schüssel mit 90 ml Wasser (bei Verwendung von Vollkornmehl etwas mehr) etwa 5 Minuten zu einem festen Teig kneten. Mit einem feuchten Geschirrtuch abdecken und 15 Minuten ruhen lassen.

In der Zwischenzeit die Kartoffeln schälen, in große Würfel schneiden und weich kochen. Gegen Ende der Garzeit die Erbsen dazugeben und 5 Minuten mitgaren. Das Gemüse durch ein Sieb abgießen, in eine Schüssel geben und mit der Gabel leicht zerdrücken.

Das Öl in einer kleinen Pfanne erhitzen und die Kreuzkümmel- und Koriandersamen kurz anrösten, bis sie duften. Die Schalotte, den Ingwer, die Chilischoten und den Knoblauch dazugeben und alles 1 Minute anbräunen. Vom Herd nehmen. Die Kartoffeln, die Erbsen und alle restlichen Zutaten für die Füllung dazugeben und alles gut vermischen.

Den Teig in vier gleich große Stücke teilen und diese zu Kugeln formen. Jede Teigkugel auf einer bemehlten Arbeitsfläche zu einem Kreis mit etwa 20 cm Durchmesser ausrollen und diesen dann halbieren. Aus jedem Halbkreis eine Tüte drehen und die Spitze fest zudrücken. Mit je 2 EL Kartoffelmischung füllen und die Ränder mit angefeuchteten Fingern gut verschließen. Auf diese Weise alle *samosas* zubereiten.

In einer tiefen Pfanne das Öl auf mittlere Temperatur erhitzen und die Teigtaschen darin goldgelb frittieren. Auf Küchenpapier abtropfen lassen. Warm servieren.

INDISCHE SAUCEN & CHUTNEYS

Was wäre die indische Küche ohne ihre exotischen Saucen und fruchtigen Chutneys? Diese drei Saucen passen großartig zu den SAMOSAS, PARANTHAS und CHAPATIS in diesem Kapitel.

MINZSAUCE

Vorbereitung: 10 Minuten

ZUTATEN

**400 g Sojajoghurt Natur • 2 EL Agavendicksaft •
3 EL Englische Minzsauce (aus dem Asialaden)
2–3 EL gehacktes Koriandergrün •
1 Knoblauchzehe • 1 Msp. Chilipulver**

Alle Zutaten im Mixer zu einer glatten Mischung verarbeiten und kalt servieren.

TAMARINDEN-CHUTNEY

Vorbereitung: 15 Minuten • Kochzeit: 15 Minuten

ZUTATEN

**100 g Tamarindenmark (aus dem Asialaden) •
5–6 Datteln, entsteint • 1 EL Rosinen •
5 EL Agavendicksaft • 1 Msp. Chilipulver •
½ TL gemahlener Kreuzkümmel •
½ TL *amchur* (Mangopulver) • ½ TL Meersalz**

Das Tamarindenmark, die Datteln und die Rosinen 15 Minuten einweichen. Alles in der Küchenmaschine mit etwas Einweichwasser pürieren. In einem Topf mit den restlichen Zutaten und 200 ml Wasser aufkochen und etwa 10 Minuten köcheln lassen. Abkühlen lassen.

TOMATEN-CHUTNEY

Vorbereitung: 15 Minuten • Kochzeit: 15 Minuten

ZUTATEN

**2 EL Sonnenblumenöl • 1 rote Zwiebel, fein gehackt •
200 g Tomaten, enthäutet, entkernt und in kleine
Würfel geschnitten • 1 Stück frischer Ingwer
(ca. 2 cm), fein gerieben • 2 rote Chilischoten,
fein gehackt • 2 Knoblauchzehen, zerdrückt •
4 Curryblätter, frisch oder getrocknet •
1 Msp. gemahlene Kurkuma •
1 Msp. gemahlene Gewürznelke • 1 TL Meersalz •
3 EL Agavendicksaft oder Rohrohrzucker •
2 EL Apfelessig • Saft von 1 Limette •
2 EL Tomatenmark • 2–3 EL gehacktes Koriandergrün**

Das Öl in einem kleinen Topf erhitzen und die Zwiebel darin sanft anbräunen. Die Tomatenwürfel, den Ingwer, die Chilischoten, den Knoblauch, die Curryblätter und die Gewürze dazugeben und alles zum Kochen bringen.

Den Agavendicksaft, den Apfelessig, den Limettensaft und das Tomatenmark einrühren und alles etwa 10 Minuten bei niedriger Temperatur köcheln und eindicken lassen. Das Koriandergrün einrühren und die Sauce abkühlen lassen.

GADO-GADO – GEMÜSE MIT TEMPEH UND ERDNUSSSAUCE ⊗

Dieses Rezept stammt von meiner Gastfamilie auf der indonesischen »Insel der Götter« Bali. GADO-GADO ist ein schnelles, einfaches Gericht und wird zu Festen in riesigen Mengen zubereitet. Anstelle des Kokosöls kann man, falls nötig, auch Sonnenblumenöl verwenden.

Vorbereitung: 20 Minuten • Kochzeit: 30 Minuten

ZUTATEN

Für die Erdnusssauce:

**200 g ungesalzene Erdnüsse mit Haut •
1 scharfe Chilischote • 4 Macadamianüsse •
2 Knoblauchzehen, zerdrückt •
1 Stück Galangalwurzel (ca. 3 cm)
   oder 1 Stück frischer Ingwer (ca. 2 cm) •
1 mittelgroße Tomate •
5 EL *ketjap manis* oder 3 EL Agavendicksaft
   und 3 EL *tamari*, verrührt •
Saft von 1 Limette • Meersalz (bei Bedarf)**

Für die Gemüsemischung:

**Das Gemüse kann ganz nach Geschmack gewählt
   werden, sollte aber größtenteils grün sein.
200 g Naturtofu • 3 EL Kokosöl •
200 g Spitzkohl • 200 g Sojabohnensprossen •
200 g Spinat • 200 g grüne Bohnen • 1 Salatgurke**

Für das knusprige *tempeh*:

**300 g *tempeh* • 100 ml Kokosöl •
6–7 rote Chilischoten (nach Geschmack) •
8 Knoblauchzehen • 4 Schalotten •
5 Kaffirlimettenblätter, Mittelrippe entfernt
und in sehr feine Streifen geschnitten •
6 EL *ketjap manis* oder 3 EL Agavendicksaft
und 3 EL *tamari*, verrührt**

Für die Erdnusssauce die Erdnüsse in etwas Kokosöl goldbraun rösten. Die Chilischoten von Samen und Scheidewänden befreien (Einmalhandschuhe tragen!). Die Erd- und die Macadamianüsse, die Chilischote, den Knoblauch, die Galangalwurzel und die Tomate in einem großen Mörser oder in der Küchenmaschine zu einer Paste verarbeiten. Diese mit 150 ml Wasser in einem kleinen Topf erhitzen. Das *ketjap manis* und den Limettensaft dazugeben und die Mischung mit Salz abschmecken. 2–3 Minuten unter Rühren köcheln lassen, dann vom Herd nehmen.

Für die Gemüsemischung den Tofu in 2 cm große Würfel schneiden und diese in 2 EL Kokosöl knusprig braten. Den Kohl in feine Streifen schneiden und zusammen mit den Sojabohnensprossen kurz in kochendem Salzwasser blanchieren. Abschrecken. Den Spinat 2 Minuten blanchieren. Die grünen Bohnen 3–5 Minuten gar kochen, dann abgießen. Die Salatgurke in Stifte schneiden und mit dem gegarten Gemüse auf einer Platte hübsch anrichten.

Für das knusprige *tempeh* das *tempeh* in dünne Streifen schneiden. In einer Pfanne oder einem Wok das Kokosöl erhitzen und darin die *tempeh*-Streifen goldbraun und knusprig braten. Auf Küchenpapier abtropfen lassen.

Die Chilischoten von Samen und Scheidewänden befreien und zusammen mit dem Knoblauch und den Schalotten fein hacken. Das Kokosöl in einer Pfanne erhitzen und Chilischoten, Knoblauch und Schalotten darin anbraten. Das *tempeh* und die Limettenblätter dazugeben, alles mit *ketjap manis* ablöschen und gut umrühren, damit das *tempeh* rundum von der Sauce bedeckt wird. Heiß zum Gemüse legen und mit viel Erdnusssauce servieren.

BLUMENKOHL-MINZ-PARANTHAS ⊗

Vorbereitung: 20 Minuten, plus 30 Minuten Ruhezeit • Kochzeit: 60 Minuten

ZUTATEN

Für den Teig:

**300 g fein gemahlenes Weizenvollkornmehl •
1 TL Meersalz • etwas vegane Butter**

Für die Füllung:

**150 g Blumenkohlröschen •
3 EL gehackte Minzblätter • 1 Schalotte, gehackt •
½ TL Meersalz • ½ TL gemahlener Kreuzkümmel •
½ TL *garam masala* (indische Gewürzmischung)
oder Zimt-*masala* (siehe Seite 40)**

Zum Frittieren und Servieren:

**100 ml Sonnenblumen- oder Rapsöl •
3 EL vegane Butter**

Das Mehl und das Salz in einer Schüssel mit 130–140 ml Wasser zu einem glatten Teig verkneten. Mindestens 30 Minuten abgedeckt ruhen lassen.

In der Zwischenzeit für die Füllung das Gemüse blanchieren und fein zerstampfen. Mit den anderen Zutaten vermischen. Den Teig in zehn gleich große Portionen teilen und diese zu Teigbällchen formen. Jedes Teigbällchen ausrollen, die Teigplatte dünn mit Butter bestreichen, einmal in der Mitte zusammenfalten und dann erneut zu einer Kugel formen. In jede so bearbeitete Teigkugel ein Zehntel der Füllung drücken, den Teig über der Füllung zusammenlegen, die Nähte verschließen und die Teigtasche leicht flach drücken. Die gefüllten Fladen auf einer bemehlten Arbeitsfläche vorsichtig zu flachen Broten mit 13–15 cm Durchmesser ausrollen, ohne die Füllung herauszudrücken.

In einer Pfanne etwas Öl auf mittlere Temperatur erhitzen und die Brote darin auf jeder Seite etwa 3 Minuten goldbraun backen. Die fertigen Brote jeweils mit etwas Butter bestreichen, auf einem vorgewärmten Teller stapeln und mit einem sauberen Geschirrtuch abdecken, bis alle *paranthas* fertig sind.

SPINAT-CHAPATIS ⊗

Vorbereitung: 10 Minuten, plus 30 Minuten Ruhezeit • Kochzeit: 60 Minuten

ZUTATEN

**150 g Kichererbsenmehl • 150 g feines Weizenvollkornmehl • 100 g Babyspinat, fein geschnitten •
1 Stück frischer Ingwer (2–3 cm), fein gerieben •
2 EL gehackte Minzblätter •
2 EL gehacktes Koriandergrün • 1 TL gemahlene
Kurkuma • ½ TL gemahlener Zimt •
½ TL gemahlener Kreuzkümmel •
1 TL Meersalz • 3 EL vegane Butter**

Alle Zutaten außer der Butter in einer Schüssel mit 120–130 ml Wasser zu einem dicken Teig verkneten. Mindestens 30 Minuten abgedeckt ruhen lassen. In zehn gleich große Portionen teilen und diese zu Teigbällchen formen. Die Bällchen in Mehl wenden und dann zu flachen Broten mit 15–18 cm Durchmesser ausrollen.

Eine gusseiserne oder beschichtete Pfanne auf mittlere Temperatur erhitzen und die Brote darin auf jeder Seite etwa 3 Minuten rösten, bis sie braune Flecken bekommen. Die fertigen Brote mit etwas veganer Butter bestreichen, auf einem angewärmten Teller stapeln und mit einem sauberen Geschirrtuch abdecken, bis alle *chapatis* fertig sind.

SCHARFER SPINAT MIT ZWIEBELN ⊗ ⊗

Grünes Blattgemüse ist auf dem Speiseplan vieler Menschen inzwischen zur echten Rarität geworden. Dabei bietet das vielseitige Grün wertvolle Mineralien und Spurenelemente sowie – besonders für die vegane Küche – unverzichtbare Eiweiße. Dieses wärmende indische Wintergericht wird mit allen möglichen Arten von grünen Blättern zubereitet: Baumspinat, Brennnesseln, Giersch, Lauch, Pak-Choi, Grünkohl oder auch Brokkoli, Rosenkohl, Wirsing …

Vorbereitung: 10 Minuten • Kochzeit: 20 Minuten

ZUTATEN

800 g frischer Spinat
1 TL Kreuzkümmelsamen
1 TL Koriandersamen
1 TL schwarze Pfefferkörner
1 TL gemahlene Kurkuma
½ TL Chilipulver oder -flocken
  (nach Geschmack)
4 EL Sonnenblumenöl
2 große Zwiebeln, in dünne Streifen
  geschnitten
1 Stück frischer Ingwer (3–4 cm),
  fein gerieben
3 Knoblauchzehen, zerdrückt
200 ml Kokosmilch
4–5 getrocknete Curryblätter
Meersalz

Den Spinat gründlich putzen, waschen und mit einem sauberen Geschirrtuch trocken tupfen. Sehr harte Stiele entfernen, den Rest in Stücke reißen.

Die Gewürze im Mörser aufbrechen und in einer großen Pfanne im Öl rösten, bis sie duften. Die Zwiebelstreifen dazugeben und anbräunen. Den Ingwer und den Knoblauch dazugeben und anschwitzen, bis sie ansetzen. Den Spinat portionsweise mit 1–2 EL Wasser in die Pfanne geben, dabei mit der Zugabe der nächsten Portion warten, bis die zuvor hinzugefügte zusammengefallen ist. Die Kokosmilch, die Curryblätter und das Salz dazugeben und alles 10 Minuten köcheln lassen. Dazu passt duftender brauner Basmatireis sehr gut.

PANDSCHABI BHARTA

Vorbereitung: 15 Minuten • Kochzeit: 20 Minuten, plus 30 Minuten für die Auberginen

ZUTATEN

**3 große Auberginen • 4 EL Sonnenblumenöl •
½ TL Kreuzkümmelsamen •
1 TL Koriandersamen •
1 große Zwiebel, fein gehackt •
2 grüne Chilischoten, fein gehackt •
4 mittelgroße Tomaten •
4 Knoblauchzehen, zerdrückt •
1 Stück frischer Ingwer (2–3 cm), fein gerieben •
100 g Erbsen (frisch oder tiefgekühlt) •
½ TL gemahlene Kurkuma • ½ TL Meersalz •
1 Bund Koriandergrün, Blätter abgezupft und
fein gehackt**

Den Backofen auf 180 °C vorheizen. Die Auberginen mit Sonnenblumenöl bestreichen, mit der Gabel vier- bis fünfmal einstechen und 30 Minuten auf der oberen Schiene im Backofen garen. Für den typischen rauchigen Geschmack können die Auberginen auf einer offenen Flamme von allen Seiten angeröstet werden, bis sie außen richtig schwarz sind! Die weich gegarten Auberginen zum Abkühlen in eine Schüssel legen und mit einem Teller abdecken. Anschließend schälen und mit einer Gabel sorgfältig zerdrücken.

Die Kreuzkümmel- und die Koriandersamen grob im Mörser zerstoßen. In einem schweren Topf in etwas Öl anrösten, bis sie duften. Die Zwiebel und die Chilischoten dazugeben und weich anschwitzen. Die Tomaten, den Knoblauch, den Ingwer, die Erbsen, die Kurkuma und das Salz dazugeben und alles 8–10 Minuten bei niedriger Temperatur köcheln lassen, bis die Tomaten weich sind. Das Auberginenfleisch untermischen und alles unter Rühren weitere 3–4 Minuten braten. Vom Herd nehmen.

Das Koriandergrün einrühren und den Eintopf heiß mit *chapatis* oder *paranthas* (siehe Seite 26) und *raita* (siehe unten) servieren.

TOMATEN-GURKEN-RAITA

Vorbereitung: 10 Minuten

ZUTATEN

**1 Salatgurke • 2 mittelgroße Tomaten •
400 g Sojajoghurt Natur • 1 TL Meersalz •
½ TL gemahlener Kreuzkümmel •
1 Msp. Chilipulver (nach Belieben)**

Die Gurke schälen, entkernen und sehr fein würfeln oder raspeln. Die Tomaten entkernen und ebenfalls sehr fein würfeln. Alles sorgfältig mit dem Joghurt vermischen und die Mischung nach Geschmack salzen und würzen.

RAITAS sind erfrischende Joghurtsaucen, die als ausgleichendes Element zu scharfen Gerichten serviert werden. Besonders lecker schmecken sie zu *dals* und Currygerichten. Die Gewürze werden häufig durch frische Minze ersetzt.

MALAI KOFTA IN MANDELSAUCE ⊗ ⊗

Das indische Wort KOFTA bedeutet schlicht »Hackbällchen«. In Indien werden diese gewöhnlich mit Käse und Gemüse frittiert, gebacken, gedämpft oder gegrillt. Dieses Rezept stammt von einer Jain-Familie aus Mumbai. Anhänger des Jainismus leben nach dem Prinzip der Gewaltlosigkeit, des AHIMSA, und essen entsprechend streng vegan.

Vorbereitung: 45 Minuten • Kochzeit: 30 Minuten

ZUTATEN

Für die *koftas*:
100 g rote Linsen (schnellkochend) •
2 mittelgroße Kartoffeln •
100 g Blumenkohlröschen •
1 TL Koriandersamen • TL Kreuzkümmelsamen •
1 TL Fenchelsamen • 2 EL gemahlene Mandeln •
2 Knoblauchzehen, zerdrückt •
1 Stück frischer Ingwer (ca. 2 cm), fein gerieben •
1 Msp. Chilipulver • ½ TL gemahlene Kurkuma •
½ TL *garam masala* (indische Gewürzmischung)
oder Zimt-*masala* (siehe Seite 40) • 1 TL Meersalz •
2 EL Kichererbsenmehl, in 2 EL Wasser aufgelöst •
16 Rosinen • 3 EL Sonnenblumenöl

Für die Mandel-*malai*:
2 mittelgroße Zwiebeln, sehr fein gehackt •
1 Stück frischer Ingwer (ca. 4 cm), fein gerieben •
4 Knoblauchzehen, zerdrückt •
4 EL Sonnenblumenöl • 2 EL Tomatenmark •
100 g gemahlene Mandeln • ½ TL *garam masala*
oder Zimt-*masala* (siehe Seite 40) •
1 Lorbeerblatt • 300 ml Kokosmilch •
300 ml Gemüsebrühe • 4 Curryblätter •
½ TL Meersalz • ¼ TL Chilipulver •
1 EL Agavendicksaft

Zum Servieren:
2 EL Mandelblättchen • 2 EL Kokosmilch

Die Linsen nach Anweisung kochen. Die Kartoffeln bürsten und mit Schale würfeln. 10–12 Minuten garen. Die Blumenkohlröschen 2 Minuten blanchieren. Die Koriander-, die Kreuzkümmel- und die Fenchelsamen in einer kleinen Pfanne ohne Öl rösten, bis sie duften. Vom Herd nehmen und im Mörser grob zerstoßen.

Den Backofen auf 180 °C vorheizen. Alle Zutaten für die *koftas* mit Ausnahme der Rosinen und des Öls gut vermischen und mit einem Kartoffelstampfer zu einer festen Masse zerdrücken. Bei Bedarf etwas Wasser hinzufügen, um den Teig gut zu binden. Aus dem Teig 16 kleine Bällchen formen und in jedes eine Rosine hineindrücken. Etwas Sonnenblumenöl auf einen Teller gießen und die *koftas* darin wälzen. Auf ein mit Backpapier ausgelegtes Backblech legen. Im vorgeheizten Backofen 25 Minuten goldbraun braten, zwischendurch einmal wenden.

In der Zwischenzeit für die Mandelsauce die Zwiebeln, den Ingwer und den Knoblauch jeweils in der Küchenmaschine fein hacken. Das Öl in einer Pfanne erhitzen und darin die Zwiebelpaste anbräunen. Die Ingwer- und die Knoblauchpaste dazugeben und mitrösten, bis alles goldbraun ist und intensiv duftet. Die restlichen Zutaten für die Sauce dazugeben und alles etwa 10 Minuten unter Rühren einkochen lassen. Anschließend das Lorbeerblatt entfernen und die Mischung mit dem Pürierstab zu einer glatten Sauce verarbeiten.

In einer kleinen Pfanne die Mandelblättchen ohne Öl goldbraun rösten. Die Sauce auf vier Schälchen verteilen, die *koftas* hineinlegen und jede Portion mit den Mandelblättchen und einem Schuss Kokosmilch garnieren. Mit warmen *chapatis* (siehe Seite 26) oder Basmatireis servieren.

KHAO SOI CHIANG MAI ⊗ ⊗

In Chiang Mai im Norden Thailands wird KHAO SOI an jeder Ecke angeboten. Das Gemüse variiert je nach Saison, auf keinen Fall fehlen dürfen aber die kross frittierten Nudeln!

Vorbereitung: 45 Minuten • Kochzeit: 15 Minuten

ZUTATEN

Für die *khao-soi*-Currypaste:

½ TL Kreuzkümmelsamen •
½ TL Koriandersamen • 3 Kaffirlimettenblätter •
2 Schalotten • 4 Knoblauchzehen •
1 Stange Zitronengras •
1 Stück Galangalwurzel (ca. 4 cm) •
1 Stück unbehandelte Kaffirlimettenschale
(ca. 2 cm) • 5 EL gehackte rote Chilischoten •
1 TL Meersalz

Für die Suppe:

375 g dicke Reisnudeln •
200 g Naturtofu, in Würfel geschnitten •
800 g gemischtes Gemüse (Karotten,
Maiskölbchen, Shiitake- und Austernpilze,
Auberginen, Zucchini, Chinakohl, grüne Bohnen,
Brokkoliröschen, gelbe Zwiebel oder Tomaten) •
1 Portion *khao-soi*-Currypaste (siehe oben) •
4 EL Sonnenblumenöl • 400 ml Kokosmilch •
2 EL getrocknetes Steinpilzpulver •
1 TL Meersalz • 2 EL Agavendicksaft

Für die *toppings*:

125 g dicke Reisnudeln • Öl zum Frittieren •
200 g frische Mungbohnensprossen •
Blätter von 1 Bund Koriandergrün •
2 Schalotten, in Ringe geschnitten und gebraten •
4 Frühlingszwiebeln, in Ringe geschnitten •
2 süße Limetten, geviertelt • Chiliflocken • *tamari*

Für die Currypaste die Kreuzkümmel- und die Koriandersamen in einer kleinen Pfanne ohne Öl rösten, bis sie duften. Die Kaffirlimettenblätter von den harten Rippen befreien, aufrollen und fein hacken. Die restlichen Zutaten für die Currypaste sehr fein hacken und zusammen mit den gerösteten Gewürzen und dem Salz in einem großen Mörser zu einer glatten Paste zerstoßen.

In der Zwischenzeit die dicken Reisnudeln für Suppe und *toppings* nach Packungsanweisung kochen und abtropfen lassen. Für die Knuspernudeln ein Viertel der Nudeln mit einem Geschirrtuch abtrocknen, mit etwas Mehl bestauben und in heißem Öl goldbraun frittieren. Auf Küchenpapier abtropfen lassen.

Für die Suppe die Tofuwürfel in Mehl wenden und in Öl anbräunen. Beiseitestellen. Das Gemüse in grobe Stifte schneiden. Die Currypaste in einem Wok im Öl 5–6 Minuten anbraten, bis sie intensiv duftet. Mit 800 ml Wasser und der Kokosmilch ablöschen. Das Gemüse, die Tofuwürfel, das Steinpilzpulver und das Salz sowie den Zucker dazugeben und alles 10 Minuten köcheln lassen.

Die restlichen Reisnudeln auf die Schüsseln verteilen und mit der Kokossuppe auffüllen. Je eine Handvoll Mungbohnensprossen und Knuspernudeln auf den Portionen verteilen. Die Korianderblätter, die Schalotten, die Frühlingszwiebeln, die Limettenviertel, die Chiliflocken und die *tamari* in Schälchen anrichten und dazu servieren.

PAD THAI MIT EINGELEGTEN CHILISCHOTEN ⊗

Dieses Rezept des Straßenklassikers aus Thailand ist die traditionelle, eher trockene und leichte Version. Die vorgegarten Reisbandnudeln werden nur wenige Sekunden mit den gewünschten Gewürzen, Saucen und Beilagen gebraten und mit Erdnüssen garniert. In Essig oder Sojasauce eingelegte Chilischoten komplettieren den Genuss.

Vorbereitung: 25 Minuten, plus 1 Stunde Ruhezeit für die Chilischoten • Kochzeit: 5 Minuten

ZUTATEN

Für die eingelegten Chilischoten:

8–10 kleine, scharfe rote und grüne Chilischoten
120 ml Reisessig oder *tamari* (japanische Sojasauce)

Für das *pad thai*:

200 g Reisbandnudeln
200 g Naturtofu
4 EL Sonnenblumenöl
1 große Zwiebel
2 Karotten
4 mittelgroße Tomaten
150 g Sojabohnensprossen
2 Knoblauchzehen, zerdrückt
½ TL Chiliflocken
3 EL *tamari* (japanische Sojasauce)
Saft von 1 Limette
1 EL Agavendicksaft

Zum Servieren:

4 EL grob gehackte ungesalzene Erdnüsse
2 Frühlingszwiebeln, in feine Ringe geschnitten

Für die eingelegten Chilischoten die Chilischoten nach Belieben in dünne Ringe schneiden oder fein hacken. Mit Reisessig oder *tamari* vermischen und die Mischung 1 Stunde im Kühlschrank ziehen lassen.

Die Reisnudeln al dente kochen und in einem Sieb abtropfen lassen. Den Tofu in 2 cm große Würfel schneiden, in 2 EL Öl goldgelb und knusprig anbraten, auf Küchenpapier abtropfen lassen und beiseitestellen. Die Zwiebel und die Karotten in feine Stifte schneiden und die Tomaten achteln.

Nun zügig arbeiten, damit die Nudeln nicht verkleben! In einem Wok oder einer großen Pfanne das Öl erhitzen und darin die Zwiebeln, die Karotten und die Tomaten anschwitzen. Die Temperatur erhöhen und die Tofuwürfel, die Reisnudeln, die Sojabohnensprossen, den Knoblauch und die Chiliflocken dazugeben. 1 Minute mit dem Gemüse braten. Mit der *tamari*, dem Limetten- und dem Agavendicksaft ablöschen und alles noch 30 Sekunden unter Rühren braten.

Die Nudeln auf Teller verteilen und mit den Erdnüssen und den Frühlingszwiebelringen bestreuen. Mit den eingelegten Chilischoten oder *hot chili sauce* (siehe Seite 18) servieren.

THAI-BANANEN IN KOKOSCREME

Diese Süßspeise wird in Thailand gerne zwischendurch gegessen – als kleiner Snack nach der Schule oder beim Einkaufen auf dem Markt. Köstlich schmeckt sie auch mit Kürbis- oder Süßkartoffelstückchen. Die Kokoscreme wird mit verschiedenen Blüten und Blättern blau, grün und pink gefärbt. Mir schmeckt das Gericht am besten mit gerösteten Kokosraspeln.

Vorbereitung: 5 Minuten • Kochzeit: 5 Minuten

ZUTATEN

8 Thai-Fingerbananen oder 4 reife Bananen
400 ml Kokosmilch (Vollfett)
40 g Kokosblütenzucker oder Agavendicksaft
1 Prise Meersalz
60 g Kokoschips

Die Bananen schälen und schräg in 4–5 cm lange Stücke schneiden. Diese dann der Länge nach halbieren. Die Kokosmilch, den Zucker oder Agavendicksaft und das Salz in einem kleinen Topf unter Rühren mit dem Schneebesen erhitzen. Die Bananenstücke dazugeben und alles 2 Minuten köcheln lassen, bis der Zucker sich aufgelöst hat und die Bananen durchgewärmt sind. Nicht zu lange erhitzen, weil sich sonst das Kokosöl löst und die Bananen zu weich werden.

In der Zwischenzeit die Kokoschips in einer kleinen Pfanne ohne Fett goldbraun rösten. Die Bananen und die süße Kokosmilch auf vier Schälchen verteilen, etwas abkühlen lassen und mit den Kokoschips bestreuen.

Zutatentipp: Kokosblütenzucker

Kokosblütenzucker wird aus dem süßen Nektar der Blüten des Kokosbaumes gewonnen und ist eine köstliche Alternative zu Rohrohrzucker. Bei seiner schonenden Herstellung bleiben viele Nährstoffe erhalten und er hat von Natur aus einen niedrigen glykämischen Index. Schon seit Jahrhunderten hat die Kokoszuckerherstellung eine große Tradition in ländlichen Gebieten Indonesiens. Heute ist er als Fair-Trade-Produkt aus den Permakulturgärten kleiner Kooperativen zunehmend auch bei uns erhältlich.

APFEL-ZIMT-HALWA ⊗

Vorbereitung: 15 Minuten • Kochzeit: 10 Minuten

ZUTATEN

**2 kleine Äpfel • 4 EL Kokosöl •
1 EL Kokosraspel • 1 TL Rohrohrzucker •
50 g Rosinen • 50 g Mandelblättchen oder
Cashewkerne, grob gehackt • ½ TL Zimt-*masala*
(siehe unten) oder gemahlener Zimt •
1 Prise Salz • 120 g Kamut- oder Dinkelgrieß •
450 ml Hafermilch oder Wasser •
2 EL Agavendicksaft**

Zum Servieren:
**2 EL Kokosraspel oder Nüsse •
2 EL kalt gepresstes Mandelöl (nach Belieben)**

Die Äpfel entkernen, klein würfeln und in dem Kokosöl in einer Pfanne kurz anbraten. Die Kokosraspel, den Zucker, die Rosinen, die Mandeln oder Cashewkerne, die Gewürze und den Grieß dazugeben und alles 2–3 Minuten weich und goldbraun braten. Die Milch und den Agavendicksaft dazugeben, gut umrühren und alles weitere 5 Minuten köcheln lassen, bis der Pudding dick und cremig ist.

Die Kokosraspel oder Nüsse in einer kleinen Pfanne ohne Fett goldbraun rösten, bis sie duften. Das *halwa* in Schälchen verteilen, mit den Nüssen bestreuen und 10 Minuten oder länger abkühlen und fest werden lassen. Nach Belieben jede Portion noch mit 1 TL Mandelöl beträufeln.

In Indien sind Süßspeisen äußerst beliebt, allerdings nicht als Teil einer Mahlzeit, sondern zum Frühstück oder – ganz nach britischer Tradition – nachmittags zu einem Tässchen CHAI. Dieser Grießpudding, in Indien HALWA oder SHEERA genannt, wird im Norden mit Äpfeln, Zimt und viel Butter oder Öl zubereitet, im Süden und um Mumbai eher mit Bananen.

ZIMT-MASALA ⊗ ⊗

Vorbereitung: 10 Minuten • Kochzeit: 10 Minuten

ZUTATEN

**5 Zimtstangen (ca. 18 g) • 1 Muskatnuss •
2 EL schwarze Pfefferkörner • 1 Gewürznelke •
1 TL schwarze Kardamomsamen •
1 TL grüne Kardamomsamen •
1 TL schwarze Kreuzkümmelsamen (*shah jeera*) •
1 EL Kandiszucker • 1 EL gemahlener Ingwer**

Alle Gewürze außer dem Zucker und dem Ingwer in einem Mörser grob zerstoßen. Die Muskatnuss bei Bedarf vorher mit dem Nudelholz aufbrechen. Die Gewürzmischung in einer kleinen Pfanne ohne Fett bei niedriger Temperatur sanft 10 Minuten unter Rühren goldbraun und duftend rösten.

Die Mischung abkühlen lassen und in einer Kaffee- oder Gewürzmühle mit dem Kandis fein vermahlen. Den Ingwer untermischen, die Mischung in ein dicht schließendes Glas füllen. Das Zimt-Masala schmeckt frisch zubereitet am besten, es lässt sich luftdicht verschlossen aber auch 4–6 Monate aufbewahren.

Vor über 12 000 Jahren nahm im »Fruchtbaren Halbmond«, dem besonders niederschlagsreichen Winterregengebiet nördlich der Syrischen Wüste, die sogenannte Neolithische Revolution ihren Anfang: Aus den Jägern und Sammlern der Alt- und Mittelsteinzeit wurden sesshafte Bauern. Sehr bald entstanden in der Region einige der ältesten Stadtkulturen der Welt, darunter Jerusalem, Damaskus, Byblos im Libanon und die jordanische Hauptstadt Amman.

So überrascht es wahrscheinlich auch nicht sehr, dass ich auf einer Reise nach Jordanien eines der magischsten Essenserlebnisse meines Lebens hatte. Freunde hatten mich zu *mezze* eingeladen, und nach und nach füllte sich der Tisch mit Dutzenden von kleinen, bunt bemalten Tellern, bedeckt mit raffiniert gewürzten, cremigen und nussigen Gemüsestückchen, Pasten, Suppen und Saucen, die wir begeistert mit den Fingern und Stücken von frischem Kräuterhefebrot verspeisten. Das *baba-ganusch*-Rezept in diesem Kapitel stammt von Fatimah, der fabelhaften Köchin damals.

VON MARRAKESCH BIS KABUL

Die Aromenvielfalt des Orients

Das weite Gebiet, das heutzutage landläufig als »Orient« bezeichnet wird, reicht von der nordafrikanischen Mittelmeerküste im Westen über Ägypten, die Türkei und den Nahen Osten bis nach Afghanistan. Der kulinarische Einfluss Syriens und des Libanon ist in der ganzen Region spürbar, ob in einfachen Eintöpfen wie marokkanischen *tajines*, in perfekt aufeinander abgestimmten *mezze*-Festen oder in delikat parfümierten Süßspeisen. Über den Ursprung der Falafel, der knusprigen kleinen, frittierten Kichererbsenbällchen, streiten Ägypter und Israelis bis heute. Fest steht dagegen, dass Falafel sich weltweit als beliebtester veganer Snack auf die Hand etabliert haben.

Seit den Anfängen der Landwirtschaft im »Fruchtbaren Halbmond« stellen viel frisches Gemüse sowie die alten Weizensorten Emmer und Einkorn, Gerste, Hirse, Kichererbsen und Linsen die Basis der orientalischen Küche. Im Zusammenspiel mit den dort ebenfalls angebauten Mandeln, Datteln (das »Brot der Wüste«), Feigen und Pistazien und intensiv aromatischen Gewürzkombinationen aus Safran, Cayennepfeffer, Zimt, Koriander und Kurkuma werden die daraus zubereiteten Gerichte zum besonderen sinnlichen Erlebnis. Typisch ist auch die Verwendung von Joghurt und anderen Milchprodukten, die sich sehr gut durch Getreidesahne, Sojajoghurt oder auch Kokosmilch ersetzen lassen.

Der Reis kam schon sehr früh aus Indien in den Orient und bildet bis heute einen wichtigen Teil der orientalischen Küche. Noch typischer sind die weichen Weizenhefebrote, die auf dem Land noch in jedem Haushalt, in Städten wie Damaskus oder Bagdad von kleinen Familienbäckereien in jahrtausendealter Tradition mit viel Liebe und altem Wissen abends geknetet und frühmorgens gebacken werden. In kleine Stücke gerissen ersetzt dieses Brot das Besteck und wird bis zum letzten Krümel, auch noch alt und trocken, in Salaten und Suppen verwertet.

Aus dem Orient stammen auch Granatäpfel, Rhabarber, kandierte Früchte und Kaffee. Ebenso hat die Verwendung von frischen und getrockneten Früchten und »süßen« Gewürzen in deftigen Gerichten wie der tunesischen Blumenkohl-*tajine*, den äthiopischen Bananenküchlein oder dem ägyptischen Linseneintopf mit Orangen hier ihren Ursprung. Und was wäre ein türkisches, libanesisches oder afghanisches Fest ohne seine Süßspeisen? Zu frischem, heißem Minztee werden in kleinen Schüsseln Reispudding, Weizengrieß oder gefüllte Datteln gereicht, gewürzt mit Orangenöl, Rosenwasser, Kardamom oder Zimt und mit köstlichen Pistazien verfeinert, und runden das festliche Erlebnis aus Tausenundeiner Nacht perfekt ab. Sie schmecken aber auch zum Frühstück als exotische Alternative zum Müsli oder Getreidebrei einfach märchenhaft. Probieren Sie es aus!

ARTISCHOCKENSUPPE ⊗ ⊗

Dieser Suppe bin ich zweimal begegnet: einmal ganz fruchtig, mit aromatischen italienischen Tomaten und Rosmarin, und einmal sämig und cremig mit Kartoffeln und viel Öl und Sahne. In diesem ägyptischen Rezept kommt der milde Geschmack der Artischockenherzen sehr schön zur Geltung, es schmeckt mit und ohne Sahne gleich köstlich.

Vorbereitung: 15 Minuten • Kochzeit: 30–40 Minuten, plus 30–40 Minuten für die Artischocken

ZUTATEN

8 Babyartischocken oder 400 g Artischocken-herzen (in Salzlake oder tiefgekühlt)
Saft von 2 Zitronen
4 mittelgroße Kartoffeln
1 Stange Lauch
1 große Zwiebel
6 EL Olivenöl
2 Knoblauchzehen, zerdrückt
Pfeffer aus der Mühle
1 Lorbeerblatt
½ TL Thymianblätter
1,2 l Gemüsebrühe
Meersalz
½ Bund glatte Petersilie, fein gehackt
200 ml Reissahne (nach Belieben)

Die frischen Artischocken von den harten äußeren Blättern befreien und 30–40 Minuten in Salzwasser mit dem Saft einer Zitrone weich kochen. Eingelegte Artischockenherzen unter Wasser gut abspülen.

Die Kartoffeln mit oder ohne Schale würfeln. Das Weiße vom Lauch in dünne Ringe schneiden und mit der Zwiebel in einem Suppentopf im Öl anbräunen. Die abgetropften Artischocken vierteln und zusammen mit den Kartoffelwürfeln dazugeben. Alles 2–3 Minuten anbraten. Den Knoblauch, reichlich Pfeffer, das Lorbeerblatt und den Thymian dazugeben und 1–2 Minuten anschwitzen, bis der Knoblauch am Topf ansetzt. Die Mischung mit der Gemüsebrühe ablöschen, salzen und 30–40 Minuten köcheln lassen.

Die Suppe mit dem Stabmixer pürieren, den Saft der zweiten Zitrone und den Großteil der Petersilie einrühren, mit einem Schuss Reissahne und der restlichen Petersilie garnieren und heiß servieren. Dazu passt kräftiges Sauerteigbrot besonders gut!

ORANGEN-LINSEN-SUPPE ⊗

Vorbereitung: 15 Minuten • Kochzeit: 30 Minuten

ZUTATEN

Für die Suppe:

4 EL Olivenöl • 1 große Zwiebel, fein gehackt •
1 Stange Sellerie, fein gehackt •
200 g getrocknete rote Linsen •
2 große Karotten, in feine Würfel geschnitten •
2 Knoblauchzehen, zerdrückt •
1 TL gemahlener Kreuzkümmel •
½ TL gemahlener Koriander • 1 Msp. Chilipulver •
Pfeffer aus der Mühle • 1,5 l Gemüsebrühe •
Saft von 1 Orange • Meersalz

Zum Servieren:

Zesten von 1 unbehandelten Orange •
100 ml Hafersahne • 4 EL gehackte Petersilie

Das Olivenöl in einem Suppentopf erhitzen und die Zwiebel und den Sellerie darin sanft anbräunen. Die Linsen, die Karottenwürfel, den Knoblauch, den Kreuzkümmel, den Koriander, das Chilipulver und etwas Pfeffer dazugeben und alles 5 Minuten braten. Die Mischung mit der Gemüsebrühe und dem Orangensaft ablöschen und bei niedriger Temperatur 30 Minuten köcheln lassen.

Die Suppe mit Salz und Pfeffer abschmecken, mit dem Stabmixer pürieren und mit einem Schuss Hafersahne verfeinern. Mit der gehackten Petersilie bestreuen, mit den Orangenzesten hübsch garnieren und ganz heiß servieren.

JOGHURT-DILL-SUPPE MIT GURKEN ⊗

Vorbereitung: 15 Minuten • Kochzeit: 20–40 Minuten

ZUTATEN

Für die Suppe:

2 EL Olivenöl • 1 große Zwiebel, fein gehackt •
160 g Rundkornreis oder Gerstengraupen
(dann nicht glutenfrei) • 2 Knoblauchzehen •
750 ml Gemüsebrühe • 2 Salatgurken •
1 EL Maisstärke • 750 ml Sojajoghurt Natur •
2 EL gehackter Dill • Pfeffer aus der Mühle •
Meersalz

Zum Servieren:

1 Tomate • 2 EL frische Minzblätter •
frisch gepresster Zitronensaft

In einem Suppentopf das Öl erhitzen und darin die Zwiebel anbräunen. Den Reis oder die Gerste sowie den Knoblauch dazugeben und mitbraten. Alles mit der Gemüsebrühe ablöschen und bei niedriger Temperatur 20–40 Minuten köcheln lassen, bis der Reis oder die Gerste weich ist. Vom Herd nehmen.

In der Zwischenzeit die Gurken schälen, entkernen und grob raspeln. Salzen, in ein Sieb geben und abtropfen lassen. Die Maisstärke in einer separaten Schüssel mit 2 EL Wasser verrühren. Den Sojajoghurt mit einem Schneebesen sorgfältig in die Stärke einrühren. Die Mischung langsam unter die Suppe rühren. Die Gurkenstücke und den Dill dazugeben, alles mit Pfeffer und Salz abschmecken und unter Rühren langsam wieder erhitzen.

Die Tomate entkernen und fein würfeln. Die Suppe mit Minze und Tomatenwürfeln dekorieren und mit Zitronensaft beträufeln.

FATTUSCH – SYRISCHER BROTSALAT ⊛

Nach TABOULÉ ist FATTUSCH Syriens meistgegessener Salat. Stücke von hart gewordenem Fladenbrot werden mit grob geschnittenen Tomaten, Gurken, Radieschen und vielen Kräutern in einem sauren Dressing geschwenkt. SUMAK oder Gewürzsumach, ein in der türkischen, arabischen und persischen Küche viel verwendetes Gewürz, verleiht dem Salat seine herbe Note. Ersatzweise kann man auch etwas Zitronen- oder Orangenschale hineinreiben. Die Anregung mit dem Sesamknäcke stammt aus Rafik Shamis wundervollem Kochbuch »Damaskus – der Geschmack einer Stadt«.

Vorbereitung: 15 Minuten

ZUTATEN

Für das Dressing:
1 Knoblauchzehe, zerdrückt
2 Schalotten, sehr fein gehackt
2 TL edelsüßes Paprikapulver
2 EL *sumak* (aus dem orientalischen Lebensmittelladen)
100 ml Olivenöl
Saft von 1 Zitrone
Pfeffer aus der Mühle
1 TL Meersalz

Für den Salat:
1 Salatgurke
4 mittelgroße Tomaten
1 rote Paprikaschote
1 grüne Paprikaschote
1 Bund Radieschen
½ Kopf Romanasalat
1 Bund Rucola
1 Bund Minze
1 Bund glatte Petersilie
1 Handvoll Oliven
100 g Sesamknäcke

Alle Zutaten für das Dressing in einer großen Salatschüssel verrühren.

Für den Salat die Gurke, die Tomaten und die Paprikaschoten putzen, entkernen und in große Stücke schneiden. Die Radieschen halbieren und in dünne Scheiben scheiden. Den Romanasalat grob zerkleinern.

Das Gemüse in die Salatschüssel geben und in dem Dressing schwenken. Die Rucolablätter von den harten Stielen befreien, die Minze und die Petersilie grob hacken, die Oliven in feine Scheiben schneiden. Alles unter den Salat mischen. Kurz vor dem Servieren die Knäckebrotscheiben in grobe Stücke brechen und unter den Salat heben.

MANAKISCH MIT HUMMUS UND BABA GANUSCH ⊗

MANAKISCH, kleine Kräuterfladenbrote, werden im Libanon und Syrien am liebsten zum Frühstück mit Oliven und Joghurt gegessen. Traditionell backten die Levantinerinnen morgens ihre Brote im Gemeinschaftsofen und bereiteten dabei verschiedene Beläge vor. HUMMUS und BABA GANUSCH gehören zu den Klassikern.

Vorbereitung: 40 Minuten, plus Einweichzeit für die Kichererbsen und 1 ¼ Stunden Ruhezeit für den Teig • Kochzeit: 1 Stunde • Backzeit: 38 Minuten

ZUTATEN

Für den *hummus*:

250 g getrocknete Kichererbsen •
2 Knoblauchzehen, zerdrückt •
Saft von ½ Zitrone •
4 EL *tahine* (arabische Sesampaste) •
2 EL kalt gepresstes Olivenöl • 1 TL Meersalz

Für die *baba ganusch*:

1 kg Auberginen • 4 Knoblauchzehen, zerdrückt •
Saft von 1 Zitrone •
2 EL *tahine* (arabische Sesampaste) •
2 EL kalt gepresstes Olivenöl • ½ TL Meersalz •
½ Bund glatte Petersilie, fein gehackt

Für 8 *manakisch*:

½ Würfel frische Hefe •
400 g Weizen- oder Dinkelmehl • 1 TL Zucker •
2 EL Olivenöl • ½ TL Meersalz

Für die *zatar*:

2 EL *sumak* (aus dem orientalischen
   Lebensmittelladen) •
2 EL getrockneter Thymian •
2 EL getrockneter Oregano •
2 EL Sesamsamen, trocken geröstet •
1 TL Meersalz • 150 ml Olivenöl

Für den *hummus* die Kichererbsen über Nacht in klarem Wasser einweichen. Anschließend 1 Stunde ohne Salz weich kochen. Abgießen und die Häute entfernen. Mit den anderen Zutaten in der Küchenmaschine oder mit dem Stabmixer zu einer feinen Creme pürieren. Bei Bedarf noch 1–2 EL Öl oder Wasser hinzufügen.

Für die *baba ganusch* die Schale der Auberginen mit einer Gabel rundherum mehrmals einstechen und die Auberginen im auf 180 °C vorgeheizten Backofen 30 Minuten garen. Abkühlen lassen, schälen, das Auberginenfleisch fein hacken und mit einer Gabel oder dem Stabmixer gründlich mit allen anderen Zutaten vermischen.

Für die *manakisch* den Backofen auf 50 °C vorheizen und wieder ausschalten. Die Hefe zusammen mit 1 EL Mehl und dem Zucker in 250 ml lauwarmem Wasser auflösen und die Mischung 15 Minuten ruhen lassen. Anschließend die restlichen Zutaten für die Brote dazugeben und alles mit einem großen Löffel oder in der Küchenmaschine 10 Minuten geduldig zu einem elastischen Teig verarbeiten. Den Teig in acht Stücke teilen und im warmen Backofen bedeckt etwa 1 Stunde bis auf die doppelte Größe aufgehen lassen.

Anschließend den Backofen auf 200 °C vorheizen. Für die *zatar* die Gewürze und das Öl zu einer glatten Paste vermischen.

Die Teigstücke zu handflächengroßen Kreisen formen und diese auf ein Backblech legen. In jeden Fladen 4–5 kleine Mulden drücken. Die Brote mit je 1 gehäuften EL Gewürzmischung bestreichen, dabei 1 cm Rand frei lassen. Etwa 8 Minuten goldbraun backen. Noch warm mit dem *hummus* und der *baba ganusch* servieren.

DOLMAS – GEFÜLLTE WEINBLÄTTER ⊗ ⊗

Unter dem Begriff DOLMA werden die verschiedensten gefüllten Gemüsegerichte im Balkan und im östlichen Mittelmeerraum zusammengefasst, für mich sind es aber immer diese etwas säuerlichen, daumendicken gefüllten Weinblätter. Dieses Rezept entstand beim gemeinsamen Kochen mit einer sehr guten Freundin aus der Türkei.

Vorbereitung: 1 Stunde • Kochzeit: 1 ¼ Stunden

ZUTATEN

300 g frische oder 500 g eingelegte Weinblätter

Für die Füllung:
150 g brauner Langkornreis
2 große Zwiebeln, fein gehackt
100 g Pinienkerne
150 ml Olivenöl
2 Knoblauchzehen, fein gehackt
50 g gelbe Linsen, geschält,
  oder Bulgur (dann nicht glutenfrei)
1 Bund glatte Petersilie, mit Stielen fein gehackt
1 Handvoll Minze, fein gehackt
1 TL scharfes Paprikapulver
1 TL Rosenpaprikapulver
1 TL schwarzer Pfeffer aus der Mühle
1 TL Meersalz
Saft und abgeriebene Schale von
  ½ unbehandelten Zitrone

Den Reis waschen und 15 Minuten vorkochen. Durch ein Sieb abgießen und für die Füllung beiseitestellen. Frische Weinblätter (junge, handgroße Blätter direkt von der Rebe pflücken) gut waschen und 2 Minuten in kochendem Wasser blanchieren. Eingelegte Blätter gründlich abspülen und beschädigte aussortieren.

Die Zwiebeln und die Pinienkerne in etwas Olivenöl sanft anbräunen. Den Knoblauch dazugeben und alles 1 Minute weiterbraten. In eine große Schüssel geben und sorgfältig mit dem restlichen Olivenöl, dem gekochten Reis und allen anderen Zutaten für die Füllung vermischen. Die Mischung 30 Minuten ziehen lassen.

Ein Weinblatt mit Stiel nach unten auf die Arbeitsfläche legen, 1 gehäuften TL Füllung auf der unteren Blatthälfte verteilen und das Blatt einmal vom unteren Rand her einklappen. Die seitlichen Ränder einschlagen, dann das Blatt locker von unten nach oben aufrollen. *Dolmas* sollten etwa die Größe eines Daumens haben. Überschüssige Füllung mit der 2 ½-fachen Menge Wasser aufgießen, 45 Minuten garen und als Salat oder Beilage servieren.

Einen Kochtopf wählen, in dem alle Rollen aufrecht Platz haben. Topfboden und Rand mit Weinblättern auslegen und die *dolmas* hineinstellen. Einen kleinen Teller auf die Rollen legen, damit sie nicht schwimmen. Den Topf mit Wasser auffüllen und die *dolmas* bei niedriger Temperatur 1 Stunde köcheln lassen. Anschließend das Wasser vorsichtig abgießen, die *dolmas* abkühlen lassen und vorsichtig auf einem Servierteller anrichten. Mit Olivenöl und ein paar Spritzern Zitronensaft beträufeln und warm oder kalt servieren.

EZME – PIKANTER AUFSTRICH ⊗ ⊗

Vorbereitung: 20 Minuten, plus Ruhezeit (mindestens ein paar Stunden, am besten über Nacht)

ZUTATEN

Für das Dressing:
**1 kleiner Granatapfel • 2–3 EL Tomatenmark •
2 Knoblauchzehen, zerdrückt •
2 EL Agavendicksaft • Saft von 1 Zitrone •
100 ml Olivenöl • 1 EL scharfes Paprikapulver •
1 TL Chiliflocken (nach Geschmack) •
Pfeffer aus der Mühle • Meersalz**

Für den Salat:
**4 große, reife Tomaten • 2 kleine Landgurken •
1 rote Paprikaschote • 1 grüne Paprikaschote •
1–2 lange rote Peperonischoten •
½ Bund glatte Petersilie •
1 mittelgroße rote Zwiebel • 80 g Pinienkerne**

Für das Dressing den Granatapfel halbieren und die Kerne in eine Salatschüssel herausschaben. Die bittere, weiße Zwischenhaut entfernen. Alle anderen Dressingzutaten dazugeben und alles mit dem Stabmixer zu einer glatten Mischung verarbeiten.

Die Tomaten und die Gurken entkernen und fein hacken. Salzen und 30 Minuten in einem Sieb abtropfen lassen. Die Paprika- und die Peperonischoten, die Petersilie und die Zwiebel sehr fein hacken und zusammen mit den Tomaten, den Gurken und den Pinienkernen in das Dressing geben. Alles gut mischen und zugedeckt mindestens einige Stunden, am besten jedoch über Nacht in den Kühlschrank stellen. Nach Geschmack als Salat servieren oder in der Küchenmaschine weiter zerkleinern und als Dip reichen. Nach Bedarf mit 1–2 EL Tomatenmark eindicken.

Dieser scharfe Tomaten-Dip wird zu türkischen Vorspeisentellern serviert, immer in Kombination mit kühlenden Joghurtsaucen, milderen Pasten und frischem Fladenbrot. Ich liebe es, Pinien- und Granatapfelkerne zu verarbeiten.

SPINAT MIT RAHMJOGHURT

Vorbereitung: 30 Minuten • Kochzeit: 5 Minuten

ZUTATEN

Für den Spinat:
**80 g Walnussbruch • 800 g Blattspinat •
2 Zwiebeln • 2 EL Olivenöl • 4 Knoblauchzehen**

Für den Rahmjoghurt:
**300 g Sojajoghurt Natur • 200 ml Hafersahne •
Saft von 1 Zitrone • ½ Bund Koriandergrün,
fein gehackt • ½ TL gemahlener Kreuzkümmel •
Meersalz • Pfeffer aus der Mühle •
1 Msp. Cayennepfeffer**

Die Walnüsse 20 Minuten in Wasser einweichen. Anschließend durch ein Sieb abgießen und gut abtropfen lassen. Den Spinat sehr gut waschen und Wurzeln und harte Stiele entfernen. Die Zwiebeln halbieren und in feine Ringe schneiden. In einer großen Pfanne in etwas Olivenöl bei niedriger Temperatur sanft weich schwitzen. Den Knoblauch und den Walnussbruch dazugeben. Nach und nach den Spinat dazugeben und weich garen. Die Mischung vom Herd nehmen und abkühlen lassen.

In der Zwischenzeit für den Rahmjoghurt alle Zutaten gründlich vermischen. Nach Geschmack mit Pfeffer und Salz würzen. In den abgekühlten Spinat einrühren und die Mischung kühl durchziehen lassen.

AUBERGINEN-MANDEL-KÖFTE ⊗ ⊗

Ob gegrillt, gebacken, frittiert, pochiert oder gedämpft: KÖFTE, die pikanten, glatten, kleinen Hackbällchen, sind vom Balkan bis Südasien beliebt. Dieses nordafrikanische Rezept mit Mandeln und einem Hauch Zimt wird im Backofen zubereitet und schmeckt besonders köstlich mit dem TAHINE-Dip von Seite 66 oder Sojajoghurt mit viel frischer Minze.

Vorbereitung: 25 Minuten •
Koch- und Backzeit: 50 Minuten

ZUTATEN

1 mittelgroße Zwiebel, fein gehackt
1 große Aubergine, in Würfel geschnitten
4 EL Olivenöl, plus etwas zum Backen
80 g rote Linsen
1 TL gemahlener Kreuzkümmel
½ TL gemahlener Zimt
Pfeffer aus der Mühle
1 EL Maisstärke oder Pfeilwurzmehl
30 g Sesamsamen
100 g gemahlene Mandeln
2 EL gehackte Petersilie
½ TL Meersalz

Die Zwiebel und die Auberginenwürfel in reichlich Olivenöl 10 Minuten bei mittlerer Temperatur unter Rühren anbraten. Die Linsen, den Kreuzkümmel, den Zimt und Pfeffer (noch nicht salzen!) unterrühren. Die Mischung mit 150 ml kochendem Wasser ablöschen und zugedeckt bei niedriger Temperatur 10–15 Minuten köcheln lassen, bis die Linsen weich sind. Mit dem Schneebesen die Maisstärke oder das Pfeilwurzmehl einrühren. Die Mischung etwas eindicken lassen, dann vom Herd nehmen.

Den Backofen auf 180 °C vorheizen. Die abgekühlte Auberginenmischung in eine Schüssel geben. Die Sesamsamen einrühren und die Mischung mit dem Stabmixer fast glatt pürieren. Die Mandeln und die Petersilie dazugeben und alles gut vermischen. Mit Salz und Pfeffer abschmecken. Mit feuchten Händen 16 Röllchen formen. Eine Auflaufform mit Öl einfetten und die *köfte* hineinlegen. Mit Olivenöl bestreichen und 25 Minuten im oberen Backofendrittel schön goldbraun und knusprig braten.

IMAM BAYILDI – »DER IMAM FIEL IN OHNMACHT«

Der Legende nach soll dieses Gericht einem türkischen Geistlichen – möglicherweise wegen der Unmengen an Knoblauch und Olivenöl – so köstlich geschmeckt haben, dass er vor Entzücken umfiel. Traditionell werden die länglichen Auberginen schon immer ganz vegan nur mit Tomaten und Zwiebeln gefüllt.

Vorbereitung: 45 Minuten •
Koch- und Backzeit: 1 Stunde

ZUTATEN

4 längliche Auberginen
Salz zum Einreiben
1 große Zwiebel, in Streifen geschnitten
2 Tomaten, entkernt und fein gehackt
2 rote Spitzpaprikaschoten, fein gewürfelt
8 Knoblauchzehen, zerdrückt
150 ml Olivenöl
Pfeffer aus der Mühle
½ TL Meersalz
1 EL Agavendicksaft
2 EL Tomatenmark
1 Bund glatte Petersilie

Die Auberginen so schälen, dass jeweils ein geschälter Streifen von 2 cm Breite und ein ungeschälter sich abwechseln. Die Aubergine großzügig salzen und 30 Minuten ziehen lassen. In der Zwischenzeit für die Füllung die Zwiebel, die Tomaten, die Paprikawürfel und den Knoblauch in dem Olivenöl 10 Minuten braten. Pfeffer, Salz, den Agavendicksaft und das Tomatenmark dazugeben und alles aufkochen lassen. Die Petersilie fein hacken und unter die Füllung mischen. Die Mischung vom Herd nehmen.

Den Backofen auf 180 °C vorheizen. Die Auberginen von dem Salz befreien und mitsamt Stielansatz der Länge nach halbieren. Das Innere ein wenig aushöhlen. Falls nur die dicken, schwarzen Auberginen zur Verfügung stehen, an der breiten Stelle etwas mehr Auberginenfleisch entfernen. Das Innere der Auberginenschiffchen längs und quer mit einem Messer einritzen. Dadurch nimmt die Aubergine beim Braten den Geschmack der Füllung besser an.

Reichlich Olivenöl in einer ofenfesten Pfanne erhitzen und die Auberginen darin rundherum schön braun anbraten. Vom Herd nehmen. Die Auberginen mit den Schnittflächen nach oben drehen, gleichmäßig mit Füllung bedecken und in der Pfanne locker mit Alufolie zugedeckt 45 Minuten im Ofen garen.

Imam bayildi schmeckt sowohl frisch aus dem Ofen mit Reis und Salat als auch kalt mit etwas kalt gepresstem Olivenöl beträufelt als Vorspeise.

BLUMENKOHL-TAJINE MIT MANDEL-COUSCOUS UND HARISSA

In diesem nordafrikanischen Schmorgericht harmonieren die süßen Datteln wundervoll mit der frischen Minze und den feinen Gewürzen. Die feurige HARISSA setzt einen aromatischen Gegenakzent.

Vorbereitung: 45 Minuten • Kochzeit: 45 Minuten

ZUTATEN

Für die *harissa*:

1 EL Koriandersamen • 1 EL Kreuzkümmelsamen •
1 EL Fenchelsamen • 1 TL Paprikapulver •
4 Knoblauchzehen • 1 Schalotte •
4 scharfe rote Chilischoten, entkernt und gehackt •
2 lange, milde rote Peperonischoten, entkernt
und gehackt • 50 ml Olivenöl • ½ TL Meersalz

Für die *tajine*:

1 großer Blumenkohl, in Röschen zerteilt •
2 EL Mehl • 1 Msp. Chilipulver •
1 TL gemahlener Koriander •
1 TL gemahlener Ingwer • ½ TL Kurkuma •
5 EL Olivenöl • 1 große Zwiebel, fein gehackt •
2 Knoblauchzehen, zerdrückt •
400 g geschälte Tomaten •
100 g Datteln ohne Stein • 750 ml Gemüsebrühe •
3 EL frische Korianderblätter •
2 EL gehackte frische Minze •
Pfeffer aus der Mühle • Meersalz •
frische Minze zum Dekorieren

Für den Couscous:

3 EL Olivenöl• 1 kleine Zwiebel, fein gehackt •
50 g Mandelblättchen • 30 g Rosinen •
1 TL gemahlener Zimt •
200 g feiner Vollkorncouscous • 1 Prise Salz •
abgeriebene Schale von 1 unbehandelten Orange

Für die *harissa* die Gewürze in der Pfanne ohne Fett rösten, bis sie duften. Im Mörser fein zerstoßen und beiseitestellen. Den Knoblauch, die Schalotte, die Chilischoten, das Paprikapulver, die Paprikaschote und das Öl im Mixer zu einer Paste verarbeiten.

Die ölige Mischung in einer kleinen Pfanne 15 Minuten unter ständigem Rühren zu einer dicken Masse einkochen lassen. Die gerösteten Gewürze und das Salz einrühren, die Mischung vom Herd nehmen und abkühlen lassen.

Für die *tajine* die Blumenkohlröschen 1 Minute blanchieren. Abschrecken, abgießen und trocken tupfen. In einer Schüssel mit dem Mehl und den Gewürzen vermischen und zugedeckt 30 Minuten durchziehen lassen.

In einer *tajine* oder einem großen Schmortopf das Olivenöl erhitzen und den Blumenkohl darin behutsam von allen Seiten anbräunen. Die Zwiebel und den Knoblauch dazugeben und alles weitere 2 Minuten braten. Die Tomaten und die Datteln fein würfeln und dazugeben. Mit der Gemüsebrühe ablöschen und alles 20 Minuten zugedeckt köcheln lassen.

In der Zwischenzeit für den Couscous das Olivenöl in einem kleinen Topf erhitzen und darin die Zwiebel anbräunen. Die Mandeln, die Rosinen und den Zimt dazugeben und alles 2 Minuten braten, bis die Rosinen weich sind. Den Couscous, das Salz, die Orangenschale und 400 ml kochendes Wasser in den Topf geben. Den Herd ausschalten und alles 15 Minuten zugedeckt quellen lassen.

Die Gemüsemischung abschmecken, die Kräuter einrühren und alles mit Minze garniert in einer Schüssel anrichten. Den Couscous vom Herd nehmen, mit einer Gabel auflockern und 1 EL Olivenöl einrühren. Die *tajine* mit dem Couscous und der *harissa* servieren.

FALAFEL MIT TAHINE-DIP ⊗ ⊗

Falafel werden am saftigsten, wenn sie – wie in Ägypten und Syrien – mindestens zur Hälfte aus Dicken Bohnen bestehen. Eilige können sie mit fertig gegarten Kichererbsen, Kalorienbewusste im Backofen zubereiten, am besten schmecken sie allerdings wie in diesem Rezept beschrieben. Der TAHINE-Dip wird im Nahen Osten zu fast allem gereicht.

Vorbereitung: 25 Minuten, plus mindestens
14 Stunden Einweichzeit und 2 Stunden Ruhezeit •
Kochzeit: 15 Minuten

ZUTATEN

Für die Falafel:

**300 g getrocknete Dicke Bohnen •
200 g getrocknete Kichererbsen •
4 Knoblauchzehen, zerdrückt •
1 Stange Lauch oder 1 Zwiebel, fein gehackt •
½ Zucchini, grob gehackt • 1 Bund Petersilie,
fein gehackt • ½ TL gemahlener Kreuzkümmel •
½ TL gemahlener Koriander •
½ TL gemahlener Zimt • 1 Msp. Chilipulver •
1 TL Backpulver • Pfeffer aus der Mühle •
1 EL Meersalz • 2 EL Mehl (nach Belieben –
dann nicht glutenfrei) • 1 EL Sesamsamen •
Öl zum Frittieren**

Für den *tahine*-Dip:

**100 ml *tahine* (arabische Sesampaste) •
Saft von 1 Zitrone • ½ TL Meersalz •
2–3 Knoblauchzehen, zerdrückt**

Die Dicken Bohnen und die Kichererbsen über Nacht in der dreifachen Menge Wasser einweichen. Anschließend abgießen, gründlich abspülen und in der Küchenmaschine oder im Mixer zerkleinern. Alle anderen Zutaten außer den Sesamsamen dazugeben und alles zu einer glatten Masse verarbeiten. Die Sesamsamen in die Mischung einrühren und diese zugedeckt mindestens 2 und bis zu 24 Stunden im Kühlschrank ziehen lassen. (Die Stärke der Hülsenfrüchte sollte die Falafel ganz ohne Ei oder Mehl zusammenhalten. Voraussetzung dafür sind feines Mahlen und die lange Einweichzeit. 2 EL Mehl in der Mischung unterstützen die Bindung.)

Für den *tahine*-Dip alle Zutaten mit 2 EL Wasser in der Küchenmaschine oder dem Mixer zu einer milchigen Sauce verarbeiten.

Den Boden einer tiefen Pfanne 3–4 cm hoch mit Öl bedecken und dieses erhitzen. Mit einem Falafel-Portionierer, Kaffeemesslöffel oder Suppenlöffel etwas von der Masse abstechen und daraus einen festen Taler mit etwa 4 cm Durchmesser formen. Vorsichtig in das heiße Öl gleiten lassen. Mit der gesamten Masse so verfahren.

Wenn das Öl die richtige Temperatur (etwa 170 °C) hat, brauchen die Falafel knapp 3 Minuten pro Seite. Wenn das erste Test-Falafel schneller braun wird, ist das Öl zu heiß und das Falafel wird innen nicht durch. Dann den Herd oder die Fritteuse etwas herunterschalten und ein zweites Falafel frittieren. Falafel sollten goldbraun sein.

Nur so viele Falafel gleichzeitig frittieren, wie man handhaben kann! Die fertigen Falafel auf Küchenpapier abtropfen lassen. Mit Eisbergsalatstreifen, Hummus und viel *tahine*-Dip servieren.

MUDSCHADARA MIT RÖSTZWIEBELN ⊗ ⊗

Auf der ganzen Welt werden Getreide und Hülsenfrüchte zu einfachen, preiswerten und doch nahrhaften Sattmachern wie diesem zubereitet. In Südamerika verwendet man hauptsächlich Reis und Bohnen, in Indien DAL und CHAPATI und in der arabischen Welt ist dieses Gericht mit braunen Linsen und braunem Reis sowie grobem oder geschrotetem Bulgur weit verbreitet. Ich esse MUDSCHADARA am liebsten mit braunem Basmatireis.

Vorbereitung: 15 Minuten, plus Einweichzeit für die Linsen • Kochzeit: 1 Stunde

ZUTATEN

Für das *mudschadara*:

200 g ungeschälte braune oder grüne Linsen (Tellerlinsen)
4 EL Olivenöl
1 große Zwiebel, fein gehackt
200 g brauner Basmatireis
50 g Rosinen (nach Belieben)
1 TL Koriandersamen
1 TL Kreuzkümmel
1 Lorbeerblatt
1 Msp. gemahlener Kardamom
1,2 l Gemüsebrühe oder Wasser
Meersalz
Pfeffer aus der Mühle
2 EL kalt gepresstes Olivenöl

Für die Röstzwiebeln:
2 oder mehr große Zwiebeln
100 ml Sonnenblumenöl zum Braten

Für das *mudschadara* die Linsen über Nacht einweichen. Anschließend abgießen und in frischem Wasser 15 Minuten vorgaren. In einem Suppentopf das Öl erhitzen und darin die Zwiebel anbräunen. Den Reis, die Rosinen und die Gewürze außer dem Salz dazugeben und anbraten. Die vorgegarten Linsen untermischen, alles mit der Gemüsebrühe oder dem Wasser ablöschen und 40 Minuten bei niedriger Temperatur ohne Rühren sanft köcheln lassen, bis die gesamte Flüssigkeit aufgenommen wurde und Reis und Linsen gar sind. Bei Bedarf zum Schluss noch etwas Wasser nachgießen.

Die Mischung mit Salz und Pfeffer abschmecken und in eine vorgewärmte Schüssel geben. Das kalt gepresste Olivenöl einrühren und die Linsenmasse einige Minuten ruhen lassen.

In der Zwischenzeit für die Röstzwiebeln die Zwiebeln in feine Ringe schneiden. Das Öl in einer tiefen Pfanne erhitzen und die Zwiebeln darin schön braun braten. Auf Küchenpapier abtropfen lassen. Auf dem *mudschadara* anrichten. Dazu passt ein grüner Salat sehr gut.

KABILI PALAU MIT KAROTTEN UND ROSINEN ⊗ ⊗

Dieses Nationalgericht Afghanistans wird üblicherweise mit Lammfleisch zubereitet. Mit vielen Nüssen, Zwiebeln und Karotten ist es aber auch vegan eine köstliche, vollwertige Mahlzeit. Wem die Zubereitung im Ofen zu langwierig ist, der kann auch einfach, wie ich, einen Reiskocher verwenden. Damit gelingt der Reis jedes Mal perfekt!

Vorbereitung: 30 Minuten • Kochzeit: 1 Stunde

ZUTATEN

500 g brauner Basmatireis
100 ml Olivenöl
2 große Zwiebeln, fein gehackt
1 TL Rohrohrzucker
½ TL Kreuzkümmel
½ TL schwarze Kardamomsamen
  (nach Belieben)
½ TL schwarze Pfefferkörner
100 g Mandelblättchen
½ TL gemahlener Zimt
1 TL Meersalz
3 große Karotten
150 g Rosinen
80 g ungesalzene Pistazien

Den Basmatireis in einem Sieb unter warmem Wasser so lange waschen, bis das Spülwasser klar bleibt. Den Reis in reichlich Wasser 30 Minuten einweichen.

Das Olivenöl in einem ofenfesten Topf mit schwerem Boden und dicht schließendem Deckel erhitzen und darin die Zwiebeln in dem Zucker goldbraun karamellisieren. Den Kreuzkümmel, den Kardamom und die Pfefferkörner im Mörser zerstoßen und zu den Zwiebeln geben. Die Mandelblättchen, den Zimt und das Salz hinzufügen und alles 2 Minuten braten. Den gut abgetropften Reis untermischen und 5 Minuten glasig braten. Mit 1,3 l Wasser ablöschen und den Reis zugedeckt bei niedriger Temperatur 30 Minuten bissfest garen.

In der Zwischenzeit die Karotten schälen und mit dem Gemüsehobel in ganz feine Stifte schneiden. In etwas Olivenöl 5–7 Minuten weich schwitzen, aus der Pfanne nehmen und beiseitestellen. In derselben Pfanne die Rosinen weich braten, dann ebenfalls beiseite stellen.

Den Backofen auf 180 °C vorheizen. Die Pistazien grob hacken und auf den Reis legen. Den Topfdeckel auflegen und den Reis 30 Minuten im Ofen garen, bis er die gesamte Flüssigkeit aufgenommen hat. Auf einem großen Teller mit den Karotten und den Rosinen anrichten und heiß genießen. Dazu passen ein kühler Sojajoghurt mit viel frischer Minze und ein knackiger grüner Salat sehr gut.

AFRIKANISCHE ERDNUSSSUPPE MIT BANANENKÜCHLEIN

*Erdnüsse sind streng genommen keine Nüsse, sondern Hülsenfrüchte, und kamen aus Südamerika nach Afrika.
Diese westafrikanische Suppe wird traditionell zu Reis, Couscous oder Hirse gegessen. Ich liebe es, die herzhaften
Buchweizen-Bananen-Küchlein hineinzutunken.*

Vorbereitung: 30 Minuten • Kochzeit: 30 Minuten

ZUTATEN

Für die Suppe:

2 EL Erdnussöl

1 große rote Zwiebel, fein gehackt

1 Stück frischer Ingwer (ca. 5 cm), fein gehackt

1 große Süßkartoffel (ca. 400 g), geschält
und in kleine Würfel geschnitten

4 Knoblauchzehen, zerdrückt

1 TL gemahlener Koriander

1 TL scharfes Paprikapulver

1 Msp. Cayennepfeffer

Pfeffer aus der Mühle

½ TL Meersalz

4 mittelgroße Tomaten

120 ml cremige, ungesalzene Erdnussbutter

200 ml Kokosmilch (Vollfett)

150 g Babyspinat

Für die Bananenküchlein:

3 reife Bananen • 100 g Buchweizenmehl •
50 ml Kokosmilch (Vollfett) • ¼ TL geriebene
Muskatnuss • 1 Msp. Cayennepfeffer •
1 TL Meersalz • 1 TL Backpulver •
Sonnenblumenöl zum Braten

Zum Servieren:

1 Handvoll ungesalzene Erdnüsse, grob gehackt
und leicht geröstet • ½ rote Paprikaschote,
fein gewürfelt • 2 TL *harissa* (siehe Seite 64)

Für die Suppe das Erdnussöl in einem Topf erhitzen und darin
die Zwiebel und den Ingwer sanft anbräunen. Die Süßkartoffel-
würfel dazugeben und mitbraten. Die Mischung mit 1 l Wasser
ablöschen. Den Knoblauch, den Koriander, das Paprikapulver,
den Cayennepfeffer, Pfeffer und Salz dazugeben und alles abgedeckt 20 Minuten köcheln lassen, bis die Kartoffelwürfel gerade
eben weich sind.

In der Zwischenzeit alle Zutaten für die Bananenküchlein in der
Küchenmaschine oder dem Mixer zu einem glatten Teig verarbeiten und diesen 20 Minuten ruhen lassen. Für dünnere, crêpe-
artige Küchlein die Kokosmilchmenge verdoppeln.

Die Tomaten mit kochendem Wasser abbrühen, enthäuten,
fein hacken und in die Suppe geben. Die Erdnussbutter und
die Kokosmilch hinzufügen. Die Mischung abschmecken und
weitere 10 Minuten köcheln lassen.

In einer Pfanne etwas Öl erhitzen. Pro Küchlein 1 EL Teig
hineingeben, flach drücken und die Küchlein bei mittlerer
Temperatur von beiden Seiten goldgelb und knusprig braten.
Abtropfen lassen, auf einen vorgewärmten Teller legen und mit
einem sauberen Geschirrtuch abdecken. Auf diese Weise den
gesamten Teig verarbeiten.

Die Suppe mit dem Stabmixer glatt pürieren. Den Babyspinat
in feine Streifen schneiden und unterrühren. Die Suppe auf vier
Schüsseln verteilen. Jede Portion mit einem Tupfen *harissa*
würzen und mit den gerösteten Erdnüssen und Paprikawürfeln
bestreuen. Mit den Küchlein zum Tunken servieren. Köstlich!

MAROKKANISCHE DATTELN ⊗ ⊗

Für 20 Datteln • Vorbereitung: 20 Minuten

ZUTATEN

100 g Walnussbruch
1 EL Agavendicksaft
1 EL Orangenblütenwasser oder Orangensaft
1 EL Mandelöl (oder vegane Butter)
½ TL gemahlener Zimt
1 Prise Kardamom
20 getrocknete Datteln, entsteint
20 Walnusskernhälften zur Dekoration

Den Walnussbruch, den Agavendicksaft, das Orangenblütenwasser, das Mandelöl oder die Butter, den Zimt und den Kardamom in der Küchenmaschine oder im Mörser zu einer glatten Paste verarbeiten. Jeweils 1 TL der Masse in jede Dattel füllen und die Öffnung mit je einer Walnusshälfte besetzen. Zu diesen verführerischen Häppchen schmeckt ein heißer Pfefferminztee mit Orangenscheibe besonders gut!

RIS BIL HALIB – ORANGEN-REISPUDDING ⊗ ⊗

Vorbereitung: 10 Minuten • Kochzeit: 30 Minuten

ZUTATEN

Für den Pudding:
60 g Rundkornreis (Carnaroli)
1 EL vegane Butter
2–6 EL Rohrohrzucker oder Agavendicksaft
200 ml frischer Orangensaft
1 Prise Meersalz
400 ml Mandelmilch
1 Sternanis
1 EL Orangenblütenwasser
1 Msp. gemahlener Rosmarin

Zum Servieren:
1 unbehandelte Orange
2 EL fein gemahlene ungesalzene Pistazien

Für den Pudding den Reis nach Belieben in der Mühle grob schroten oder in ganzen Körnern lassen. Die Butter in einem kleinen Topf mit schwerem Boden schmelzen und den Zucker oder Agavendicksaft darin auflösen. Den Reis dazugeben und glasig dünsten. Mit 200 ml Wasser und dem Orangensaft ablöschen, eine Prise Salz dazugeben und alles bei niedriger Temperatur 20 Minuten unter Rühren köcheln lassen. Vom Herd nehmen. 2–3 Minuten abkühlen lassen, dann die Mandelmilch und den Sternanis dazugeben und alles unter Rühren erneut aufkochen. Den Rosmarin und das Orangenblütenwasser unter den Reis mischen. Alles weitere 10 Minuten köcheln lassen, bis der Pudding dick und cremig ist. Vom Herd nehmen, den Sternanis entfernen und den Pudding auf vier Schüsselchen verteilen. Abkühlen lassen und 1–2 Stunden in den Kühlschrank stellen.

Mit einem Zestenreißer oder scharfen Schälmesser feine Schalenstreifen von der Orange abschälen. Die Puddingportionen mit den gemahlenen Pistazienkernen und den Orangenzesten dekorieren und servieren.

GEBACKENE PFIRSICHE MIT APRIKOSEN-MANDEL-FÜLLUNG

Dieses Rezept ist für mich die Sommerversion der vorweihnachtlichen Bratäpfel. Andere köstliche Füllungen sind beispielsweise Pinienkerne mit Lavendelblüten und getrockneten Feigen oder Walnüsse mit Datteln und Zimt.

Vorbereitung: 15 Minuten • Backzeit: 25 Minuten

ZUTATEN

4 große Pfirsiche
100 g Soft-Aprikosen ohne Stein
100 g gemahlene Mandeln
Saft von 1 Orange
einige Spritzer Orangenblütenwasser

Zum Servieren:
2 EL Mandelblättchen
2 EL Hafersahne (dann nicht glutenfrei)

Den Backofen auf 180 °C vorheizen. Die Pfirsiche halbieren, entsteinen und mit einem Teelöffel etwas mehr von dem Pfirsichfleisch aus den Mulden schaben. Das Pfirsichfleisch, die Aprikosen und den Orangensaft in der Küchenmaschine oder mit dem Stabmixer pürieren. Das Mandelmehl in die Mischung einrühren. Die Pfirsichhälften mit der Schnittfläche nach oben in eine ofenfeste Auflaufform legen und mit der Aprikosen-Mandel-Mischung füllen.

Im vorgeheizten Backofen 15 Minuten backen. Die Mandelblättchen über die Füllung streuen und die Pfirsiche weitere 10 Minuten backen. Aus dem Ofen nehmen, etwas abkühlen lassen und mit einigen Spritzern Hafersahne beträufelt servieren.

Zutatentipp: Orangenblütenwasser

Orangenblütenwasser ist als Zutat vor allem in der orientalischen Küche sehr verbreitet. Es wird aus den Blütenknospen der Bitterorange gewonnen. Ähnlich wie Rosenwasser verwendet man es zum Aromatisieren von Getränken, Cremes, Gebäck und Süßspeisen. Orangenblütenwasser gibt es in orientalischen Lebensmittelgeschäften und Bioläden.

Zu den frühen kulinarischen Erinnerungen meiner Kindheit zählen vor allem Gerüche: pfeffrig-harziger wilder Oregano aus den Bergen Griechenlands, nach Kampfer und Pinien duftender Lavendel aus der Provence und die für mich unwiderruflich weihnachtlichen Mandarinen- und Orangenöle, die beim Schälen der Früchte die Finger einfärbten.

Am liebsten erinnere ich mich aber an stundenlange Festmahle mit Freunden und Familie, bestehend aus unzähligen Gängen. Nirgendwo auf der Welt wird das gemeinsame Essen so genossen, gefeiert und in die Länge gezogen wie in den europäischen Mittelmeerländern: Amuse-Bouches, Tapas und Antipasti gehen über in Primi Piatti, Hauptspeisen und Salate, gefolgt von anderen köstlichen Häppchen und Nachspeisen.

RUND UM DAS MITTELMEER

Von der Sonne verwöhnt, frisch und aromatisch

In den Küchen Italiens, Spaniens und Griechenlands werden einzelne Zutaten regelrecht zelebriert: Eine perfekte Tomate, eine aromatische Fenchelknolle oder eine Handvoll frische Bohnen werden liebevoll in ein vollwertiges Gericht verwandelt, schlicht ergänzt und unterstrichen durch etwas knuspriges Bauernbrot oder Vollkorn-Pasta. Salat als Vorspeise, zartes Gemüse als Beilage und süße Früchte zum Nachtisch – am Mittelmeer gibt es keine Mahlzeit ohne Rohkost, Gemüse und Obst.

Von Madrid bis Kreta liefern fruchtbare Böden und das warme Klima das ganze Jahr über erntefrische Zutaten. In der Mittelmeersonne reifen Oliven, Orangen und Mandeln. In jedem mediterranen Garten wachsen köstliche, nach frisch geschnittenem Gras duftende Strauchtomaten, scharfer Knoblauch und aromatische Kräuter, allen voran Basilikum, Thymian, Rosmarin und Oregano. Auf spanischen Wochenmärkten werden herzhafte Hülsenfrüchte jeder Farbe fertig gegart angeboten. Hierzulande sind gekochte Kichererbsen, Bohnen und Linsen in Bioqualität im Glas erhältlich, sie lassen sich aber auch zu Hause gut in großen Mengen kochen und für eine spätere Verwendung portionsweise einfrieren.

Die Rezepte in diesem Kapitel verlangen nach frischen, saisonalen Zutaten bester Qualität. Nur mit sonnengereiftem Gemüse gelingen Ofenfenchel, Ratatouille und Caprese wirklich gut. Für Salate und Vorspeisen wird ein hochwertiges (extra) natives Olivenöl empfohlen, aus sonnengereiften Oliven kalt gepresst. Zum Braten bei höheren Temperaturen dagegen sollte kein kalt gepresstes, sondern raffiniertes Olivenöl verwendet werden. Ein solches Öl weist keine Fruchtfleischreste mehr auf, die zu schädlichen Substanzen verbrennen würden. Aus frischem Grün und knackiger Rohkost wird erst mit dem richtigen Dressing eine nährende Mahlzeit. Ich habe dazu drei Klassiker etwas umgewandelt: eine aromatische Vinaigrette, eine scharfe Knoblauchsahne und einen sämigen Sattmacher mit weicher, reifer Avocado.

In meinen ersten veganen Jahren verzichtete ich meist auf Pizza, Lasagne und Risotto. Ohne Parmesan oder Mozzarella schmeckten sie ziemlich fad, und Analogkäse kam mir nicht in den Topf. Freunde und kreative tierfreundliche Köche zeigten mir mit der Zeit aber köstliche nussige Alternativen, und so entstanden die folgenden Rezepte für griechische Moussaka, Polenta-Pizza und Limetten-Risotto. Sie sind auch für Partys und Familienfeste genau das Richtige, Ihre Gäste werden Fleisch und Käse bestimmt nicht vermissen, versprochen! Deftige Gerichte wie die spanischen Pflaumen im würzigen »Speck«-Mantel aus Auberginen, französische *pâtés* oder Pasta mit »Parmesan« lassen sich mit Sonnenblumenkernen, Walnüssen und Pilzen vegan ganz köstlich zubereiten. Seien Sie dabei großzügig mit Kräutern, frisch gemahlenem Pfeffer, Oliven und Knoblauch – und versuchen Sie es ab und zu mit etwas *miso* oder einer Sojasauce – und genießen Sie den unvergleichlichen Geschmack der Klassiker unserer südlichen Nachbarn!

FRUITES
SEQUES

Productes Sabor

VENDES A
L'ENGRÒS

DIPOSIT DE SAFRA

CAFÈS

BELEGTE BROTE MEDITERRAN

Gutes Bauernbrot – ohne Zusätze und aus fein gemahlenem, vollem Korn – ist für viele Menschen in Europa eines der wichtigsten Grundnahrungsmittel. Diese mediterranen Aufstriche verleihen jeder heimischen Brotzeit ein sonniges Urlaubsfeeling!

Vorbereitung: je 10 Minuten

BRUSCHETTA

ZUTATEN

4 Knoblauchzehen
4 große Scheiben Bauernbrot
4 EL kalt gepresstes, fruchtiges Olivenöl
4 große, reife Tomaten, gewürfelt
1 Handvoll frisches Basilikum, in feine Streifen geschnitten
Meersalz
Pfeffer aus der Mühle

Die Knoblauchzehen der Länge nach halbieren und mit den Schnittseiten auf jeweils einer Seite über die Brotscheiben reiben. Die Brotscheiben mit etwas Olivenöl beträufeln. Die Tomatenwürfel und das Basilikum in eine Schüssel geben, mit dem restlichen Öl, Salz und Pfeffer gut vermischen und die Mischung auf den getoasteten Brotscheiben verteilen.

Der Name »Bruschetta« bezeichnet zunächst einmal einfach eine knusprige Scheibe Bauernbrot mit Knoblauch, Olivenöl, Salz und Pfeffer. Der wohl bekannteste, besonders in der Toskana, aber auch im spanischen Barcelona beliebte Belag aus Tomaten und Basilikum wird in Italien auch durch Gemüse, Bohnen oder Zwiebelringe ersetzt.

TAPENADE

ZUTATEN

Für die schwarze Tapenade:
250 g schwarze Oliven ohne Stein
3 EL Kapern
1 Handvoll glatte Petersilie, grob gehackt
2 Knoblauchzehen, grob gehackt
100 ml kalt gepresstes Olivenöl

Für die grüne Tapenade:
250 g grüne Oliven ohne Stein
3 EL Kapern
1 Handvoll frische Basilikumblätter, gehackt
1 EL frisch gepresster Zitronensaft
1 EL Dijonsenf
100 ml kalt gepresstes Olivenöl

Alle Zutaten für eine Sorte Tapenade außer dem Olivenöl in der Küchenmaschine oder von Hand fein hacken und zu einer groben Paste verarbeiten. Die Masse in ein Gläschen abfüllen und großzügig mit Olivenöl bedecken. Eingeschlossene Luftbläschen sanft herausrühren.

»Tapenade« stammt aus dem Altfranzösischen und bedeutet »Kapern«. Mit viel Olivenöl bedeckt hält diese Tapenade im Kühlschrank bis zu einem Monat.

ASSIÈTE DE CRUDITÉS – BUNTER ROHKOSTTELLER ⊗ ⊗

Ein bunter Teller voller Rohköstlichkeiten könnte tatsächlich mein Leibgericht sein. Mit viel Frische, Freude und Farben lässt sich das knackige Gemüse ganz nach Geschmack mit verschiedenen Dressings aufpeppen.

Vorbereitung: 10 Minuten

ROHKOSTTELLER

ZUTATEN

**1,2 kg buntes Gemüse nach Geschmack,
z. B. Rote Bete, Karotten, Topinambur, Spinat,
Sellerie, Kohl, Chicorée, Gurken, Fenchel,
Tomaten, Kräuter aus dem Garten und von der
Wiese, Paprika, Frühlingszwiebeln, grüner Salat,
Zucchini, Sprossen … der Fantasie sind wirklich
keine Grenzen gesetzt!**

Das Gemüse in mundgerechte Scheiben oder Stifte
schneiden und appetitlich in Schälchen und auf
Tellern anrichten.

DRESSINGS

ZUTATEN

Für eine klassische Estragon-Vinaigrette:
**4 EL kalt gepresstes Olivenöl • 4 EL Rotweinessig •
1 Schalotte, sehr fein gehackt •
1–2 EL sehr fein gehackter frischer Estragon •
1 TL Dijonsenf • 1 EL Agavendicksaft •
Pfeffer aus der Mühle • Meersalz**

Für eine scharfe Kräuter-Knoblauch-Sahne:
**150 ml Reissahne • 4 Knoblauchzehen, zerdrückt •
2 EL frisch gepresster Zitronensaft •
gemischte frische Kräuter (z. B. Basilikum,
Schnittlauch, Pfefferminze, Zitronenmelisse,
Petersilie), fein gehackt •
Pfeffer aus der Mühle • Meersalz**

Für ein samtiges Avocado-Dill-Dressing:
**1 große, reife Avocado, mit der Gabel zerdrückt •
1 Bund Dill, fein gehackt • 1 EL Dijonsenf •
Saft von 1 großen Zitrone • Pfeffer aus der Mühle •
Meersalz**

Für die Dressings sollten möglichst frische und hoch-
wertige Zutaten verwendet werden. Am einfachsten
gibt man alle Zutaten in ein sauberes Schraubgläschen
und vermischt sie durch kräftiges Schütteln.

TAPAS

In Spanien heißen sie »tapas«, in Frankreich »hors d'oeuvres« oder »amuse-gueules«, anderswo auch einfach Snacks, diese köstlichen Häppchen für Zwischendurch, zum Aperitif oder als leichtes Abendessen. Die Pflaumen im »Speck«-Mantel habe ich in einem Veggie-Café in Madrid entdeckt. Das Macadamia-Caprese ist aus meinem Wunsch nach einem milchfreien Mozzarella entstanden. Für die Zubereitung des Nuss-Käses ist ein guter Mixer von Vorteil, ohne bleibt er einfach etwas körniger.

PFLAUMEN IM »SPECK«-MANTEL

Vorbereitung: 10 Minuten, plus 2 Stunden Marinierzeit für den Auberginen-»Speck« (siehe Seite 126) •
Kochzeit: 30 Minuten

ZUTATEN

**4 Portionen Auberginen-»Speck« (siehe Seite 126) •
20 Trockenpflaumen, entsteint • 20 Zahnstocher •
1 TL Fleur de Sel**

Den Backofen auf 180 °C vorheizen. Die gebratenen Auberginenscheiben in 8 cm lange Streifen schneiden. Jede Pflaume in einen Auberginenstreifen einwickeln und diesen mit einem Zahnstocher fixieren. Die ummantelten Pflaumen in eine ofenfeste Form legen, mit dem Fleur de Sel bestreuen und 20 Minuten backen. Sofort warm servieren.

CAPRESE

Vorbereitung: 30 Minuten, plus Einweichzeit

ZUTATEN

Für den Macadamia-Mozzarella:

**200 g Macadamianüsse • 1 TL Meersalz •
2 TL frisch gepresster Zitronensaft • 2 EL Hefeflocken**

Für den Tomatensalat:

**4 reife Staudentomaten, in Scheiben geschnitten •
20 frische Basilikumblätter • Olivenöl • Saft von
1 Zitrone • Pfeffer aus der Mühle • Meersalz**

Für den Macadamia-Mozzarella die Macadamianüsse mindestens 4 Stunden einweichen. Mit den restlichen Zutaten sowie 4 EL Wasser im Mixer oder in der Küchenmaschine zu einer möglichst glatten, festen Masse verarbeiten. Bei Bedarf etwas mehr Wasser hinzufügen.

Für den Tomatensalat die Tomatenscheiben auf einem Teller anrichten. Mit einem Teelöffel jeweils eine Portion aus der Macadamiamasse ausstechen und diese mithilfe eines zweiten Löffels zu einem Nockerl formen. Je ein Nockerl auf jeder Tomatenscheibe platzieren. Mit der gesamten Masse so verfahren. Die belegten Tomatenscheiben mit Basilikum dekorieren und alles mit Olivenöl, Zitronensaft, Pfeffer und Salz anmachen.

PÂTÉ AUX HERBES ⊗ ⊗

Diese aromatische Pastete ist eine herzhafte Alternative zu den wenig abwechslungsreich schmeckenden Supermarktaufstrichen und macht sich richtig gut bei Picknick, Brunch, Buffet oder Biergartenbesuch!

Vorbereitung: 10 Minuten, plus Einweichzeit und 1 Stunde Kühlzeit • Koch- und Backzeit: 60 Minuten

ZUTATEN

Für die *pâté*:

75 g Walnüsse, eingeweicht

75 g Sonnenblumenkerne, eingeweicht

40 g Kürbiskerne, eingeweicht

40 g getrocknete Tomaten, eingeweicht

120 g getrocknete Puy- oder Beluga-Linsen

1 TL Natron (nach Belieben)

1 Schalotte, grob gehackt

2 EL Steinpilzpulver oder dunkle *miso* (dann nicht sojafrei)

2 TL Meersalz oder 2 EL *tamari* (japanische Sojasauce – dann nicht sojafrei)

1 EL Apfelessig

2 Datteln, grob gehackt

2 Knoblauchzehen, zerdrückt

1 Handvoll frische Basilikumblätter

3–4 frische Salbeiblätter, fein gehackt

1 TL fein gehackter frischer Rosmarin

2 EL frische Thymian- oder Oreganoblätter

1 TL schwarze Pfefferkörner

4 EL kalt gepresstes Olivenöl

Für die Kruste:

4 EL Kürbiskerne

2–3 TL getrocknete Kräuter der Provence

1 TL scharfes Paprikapulver

1 TL Fleur de Sel

1 TL grob gemahlener schwarzer Pfeffer

Für die *pâté* die Walnüsse, die Sonnenblumenkerne, die Kürbiskerne und die getrockneten Tomaten mindestens 2 Stunden in Wasser einweichen. Die Linsen nach Packungsangabe nach Belieben mit Natron, aber ohne Salz gar kochen. Gut abtropfen lassen. Nüsse, Samen und getrocknete Tomaten abspülen und gut abtropfen lassen. Zusammen mit den restlichen Pâté-Zutaten in der Küchenmaschine oder mit dem Stabmixer nach Geschmack grob oder fein pürieren.

Den Backofen auf 180 °C vorheizen. Für die Kruste 2 EL von den Kürbiskernen in einer Schüssel mit den restlichen Zutaten vermischen. Die Pastetenmasse in eine kleine Auflauf- oder Kastenform füllen und die Mischung für die Kruste darauf verteilen. Mit den restlichen Kürbiskernen bestreuen. 30 Minuten backen, dann abkühlen lassen und 1 Stunde in den Kühlschrank stellen. Dazu passt knuspriges Bauernbrot oder ein grüner Salat.

GAZPACHO ANDALUZ ⊗ ⊗

Vorbereitung: 15 Minuten

ZUTATEN

1 kg Tomaten • 1 Salatgurke • 1 gelbe Paprika-schote • ½ Bund glatte Petersilie • 1 kleine rote Zwiebel • 2 Knoblauchzehen, zerdrückt • 80 g gekochter Reis oder trockenes Brot (dann nicht glutenfrei) • 2 EL Sherryessig • 2–4 EL kalt gepresstes Olivenöl • Saft von 1 Zitrone • 1 Msp. Cayennepfeffer • Pfeffer aus der Mühle • ½ TL Meersalz

Die Tomaten vom Stielansatz befreien, die Salatgurke schälen, die Paprikaschote von Samen und Scheidewänden befreien, die Petersilienblätter abzupfen. Das Gemüse grob würfeln. Je 2 EL Tomate, Gurke und Paprikaschote fein hacken und beiseite-stellen. Die restlichen Zutaten zusammen mit 200 ml Wasser fein pürieren, auf Suppenschüsseln oder Gläser verteilen, mit den Gemüsewürfelchen bestreuen und kalt servieren.

Die Hauptzutaten dieser kalten Suppe aus Andalusien sind nicht spektakulär, das Gelingen dieses Rezepts hängt vor allem davon ab, wie frisch und aromatisch sie sind. Am besten verwendet man Erntefrisches aus dem Garten oder vom Markt.

GIGANTES PLAKI ⊗ ⊗

Für 6–8 Portionen als Vorspeise
Vorbereitung: 15 Minuten, plus Einweichzeit •
Kochzeit: etwa 1 ½ Stunden

ZUTATEN

500 g *gigantes* oder Butterbohnen

Für die Tomatensauce:

2 große rote Zwiebeln • 2 Stangen Sellerie • 150–200 ml hochwertiges Olivenöl • 300 g Tomaten, enthäutet und entkernt • 4–6 Knoblauchzehen, zerdrückt • 1 EL getrockneter Oregano • 1 EL getrockneter Thymian • 1 TL Chiliflocken (nach Belieben) • 4 EL Tomatenmark • 1 EL Agavendicksaft • 4 EL gehackte glatte Petersilie • Pfeffer aus der Mühle • Meersalz

Die Bohnen über Nacht in reichlich Wasser einweichen. In ein Sieb abgießen und in frischem Wasser (ohne Salz!) 30–60 Minuten kochen, bis sie weich, aber nicht aufgeplatzt sind. Nach 30 Minuten Garzeit häufig überprüfen. In ein Sieb abgießen und mit kaltem Wasser abschrecken.

Den Backofen auf 180 °C vorheizen. In der Zwischenzeit für die Tomatensauce die Zwiebeln und den Sellerie fein würfeln und in einer Pfanne bei niedriger Temperatur in 2–3 EL Öl anbräunen. Die Tomaten, den Knoblauch, die Kräuter und die Gewürze klein schneiden und dazugeben. Die Mischung mit 200 ml Wasser ab-löschen und das Tomatenmark und den Agavendicksaft einrühren. Alles 10 Minuten sanft köcheln lassen, bis die Flüssigkeit einge-dickt ist. Das restliche Olivenöl und die Petersilie einrühren. Alles mit Salz und Pfeffer abschmecken. Vom Herd nehmen.

Die Bohnen behutsam unter die Tomatensauce mischen. Die Mischung in eine Auflaufform geben. Im vorgeheizten Backofen 45 Minuten backen. Bei Bedarf 150–200 ml Wasser einrühren und die Mischung weitere 30 Minuten backen. Anschließend abkühlen lassen, noch etwas Olivenöl einrühren und die Boh-nen lauwarm oder kalt mit knusprigem Bauernbrot genießen.

SOUPE AU PISTOU ⊗ ⊗

Im Sommer leuchten die Gemüsestände auf den Märkten der Provence in intensiven Farben und schwelgen in Aromen. Aus frischem Basilikum und feinen, grünen Flageolet-Bohnen lässt sich diese kräftige Gemüsesuppe mit PISTOU, einem einfachen, traditionellen Pesto ohne Nüsse, zaubern. Wir verwenden anstelle von Käse köstlich aromatische Pinienkerne für unser PISTOU.

Vorbereitung: 30 Minuten, plus evtl. Einweichzeit für die Bohnen, je nach Sorte • Kochzeit: 1 Stunde

ZUTATEN

Für die Suppe:

200 g getrocknete Flageolet- oder weiße Bohnen
4 EL Olivenöl
2 mittelgroße Zwiebeln, fein gehackt
2 Stangen Lauch, in feine Ringe geschnitten
1 TL Natron (nach Belieben)
100 g Naturreis aus der Camargue
4 Karotten, fein gewürfelt
2 Stangen Sellerie ohne Grün, fein geschnitten
250 g grüne Bohnen, schräg in Stücke geschnitten
2 Lorbeerblätter
4 Knoblauchzehen, zerdrückt
Pfeffer aus der Mühle
1 EL fein gehackter frischer Thymian
5 mittelgroße Staudentomaten
3 mittelgroße Zucchini, gewürfelt
Meersalz

Für das *pistou*:

4 Knoblauchzehen
100 g Pinienkerne
2 EL Hefeflocken (nach Belieben)
2 Bund Basilikum
120 ml Olivenöl
1 kleine Tomate, gehackt
½ TL Meersalz • Pfeffer aus der Mühle

Für die Suppe die Flageolet-Bohnen 4 Stunden einweichen lassen. Abtropfen lassen und beiseitestellen.

In einem großen Suppentopf das Öl erhitzen und darin die Zwiebeln und die Lauchringe sanft anbräunen. Etwa 1,5 l Wasser angießen. Die Flageolet-Bohnen und nach Belieben das Natron dazugeben und alles 10 Minuten köcheln lassen. Den Reis hinzufügen und alles weitere 30 Minuten sanft köcheln lassen.

Die Karotten, den Sellerie, die grünen Bohnen, die Lorbeerblätter, den Knoblauch, den Pfeffer und Thymian dazugeben. Die Suppe weitere 10 Minuten köcheln lassen. Die Tomaten 1 Minute in kochendem Wasser blanchieren und dann enthäuten. Zusammen mit den Zucchiniwürfeln in die Suppe geben und alles weitere 5 Minuten köcheln, bis das ganze Gemüse weich ist. Erst zuletzt mit Salz abschmecken, weil die Hülsenfrüchte sonst hart bleiben.

In der Zwischenzeit für das *pistou* die Knoblauchzehen, die Pinienkerne und nach Belieben für einen kräftigeren Geschmack die Hefeflocken im Mixer oder in einem schweren Mörser zerkleinern. Nach und nach die Basilikumblätter und das Olivenöl dazugeben und alles zu einer weichen Paste verarbeiten. Die Tomatenstücke einarbeiten. Die Mischung mit Salz und Pfeffer abschmecken. Bei Verwendung einer Küchenmaschine oder eines Stabmixers nur kurz mixen, weil das *pistou* sonst bitter wird.

Traditionell wird das *pistou* noch im Suppentopf in die Suppe eingerührt, ich mag es aber viel lieber als dicken, aromatischen »Blubb« direkt in meine Schüssel.

INVOLTINI DI MELANZANE ⊗ ⊗

Diese sizilianischen Auberginenrouladen lassen sich mit verschiedenen Füllungen zubereiten, zum Beispiel Pesto-Couscous, Kräuter-Tofu oder Avocado-Sojabohnensprossen. Dem Original am nächsten kommt wohl diese Steinpilz-Pistazien-Variation mit Kapern und viel Oregano. Wem gebratene Auberginenscheiben zu ölig sind, der kann sie stattdessen vor dem Aufrollen im Backofen weich backen.

Vorbereitung: 30 Minuten •
Koch- und Backzeit: 1 Stunde

ZUTATEN

4–5 Auberginen (je nach Größe)
3 EL Kichererbsenmehl oder Mehl
  (dann nicht glutenfrei)
Olivenöl zum Anbraten

Für die Tomatensauce:
1 kleine rote Zwiebel, fein gehackt
2 EL Olivenöl
500 g passierte Tomaten
2 Knoblauchzehen, zerdrückt
2 EL fein gehacktes frisches Basilikum
1 EL Agavendicksaft oder 1 Prise Zucker
Meersalz • Pfeffer aus der Mühle

Für die Füllung:
1 große Zwiebel, sehr fein gehackt
4 EL Olivenöl
400 g küchenfertige Steinpilze, fein gehackt
2 Knoblauchzehen, zerdrückt
2 EL fein gehackter frischer Oregano
Pfeffer aus der Mühle • Meersalz
100 g ungesalzene Pistazienkerne
2 EL kleine eingelegte Kapern
2 EL Kartoffelflocken oder Semmelbrösel
  (dann nicht glutenfrei)
2 EL Tomatenmark

Eine Aubergine für die Füllung beiseitelegen. Die restlichen in 1 cm dicke Scheiben schneiden, salzen und in einem Sieb 45 Minuten schwitzen lassen.

Den Backofen auf 180 °C vorheizen. Die ganze Aubergine rundherum mit der Gabel einstechen und 30 Minuten im Ofen garen. Die Haut abziehen und das Fleisch fein hacken. Beiseitestellen.

In der Zwischenzeit für die Tomatensauce die Zwiebel in dem Olivenöl sanft anbräunen. Alle weiteren Zutaten untermischen und alles bei niedriger Temperatur 15 Minuten köcheln lassen.

Inzwischen für die Füllung die Zwiebel in dem Olivenöl sanft anbräunen. Die Steinpilze, den Knoblauch, den Oregano, den Pfeffer und das Salz dazugeben und alles 5 Minuten braten. Zwei bis drei Pistazienkerne beiseitelegen, die restlichen im Mörser zerstoßen. Das Pistazienmehl sowie die Kapern, die Kartoffelflocken oder Semmelbrösel, die Auberginenwürfel und das Tomatenmark in die Steinpilzmischung einrühren. Alles bei niedriger Temperatur köcheln und eindicken lassen. Vom Herd nehmen.

Die Auberginenscheiben trocken tupfen, in dem Mehl wenden und in reichlich Olivenöl braten. Auf Küchenpapier abtropfen und abkühlen lassen. Jede Scheibe mit gut 1 EL Füllung bestreichen und aufrollen. Die Röllchen nebeneinander in eine geölte Auflaufform legen. Mit der Tomatensauce bedecken und die restlichen Pistazien darauf verteilen. Im vorgeheizten Backofen 15 Minuten backen. Lauwarm zu frischem Tomatensalat und knusprigem Ciabatta servieren.

CHICORÉE IN ORANGENSAUCE ⊗ ⊗

Vorbereitung: 15 Minuten • Kochzeit: 15 Minuten

ZUTATEN

1 kg Chicorée
50 ml Olivenöl
150 ml frisch gepresster Orangensaft
1 EL Agavendicksaft (nach Belieben)
Pfeffer aus der Mühle
Meersalz

Die Chicoréeköpfe der Länge nach halbieren. Die harten Strünke, in denen die Bitterstoffe sitzen, so herausschneiden, dass die Blätter gerade noch zusammenhalten.

Das Olivenöl in einer Pfanne erhitzen und darin die Chicoréehälften sanft anbräunen. Mit dem Orangen- und dem Agavendicksaft ablöschen. Alles mit Pfeffer und Salz abschmecken und abgedeckt 15 Minuten bei niedriger Temperatur schmoren.

Den Deckel abnehmen und die Sauce bei hoher Temperatur eindicken lassen. Vor dem Servieren einige Minuten ruhen lassen.

Dieses Rezept wird vor allem die begeistern, denen Chicorée eigentlich zu bitter ist. Die Orange und das kurze Schmoren machen das Gemüse weich und lieblich. Chicorée in Orangensauce ist für sich allein eine schöne Vorspeise, passt aber auch großartig zu Pasta oder Polenta.

GEBRATENER FENCHEL ⊗ ⊗

Vorbereitung: 10 Minuten • Backzeit: 20 Minuten

ZUTATEN

4–8 Knollen Fenchel, je nach Größe
1 Bund frische Kräuter (z. B. Basilikum,
  Petersilie oder Thymian)
100 ml Olivenöl
50 g Pinienkerne
Saft und abgeriebene Schale von
  1 unbehandelten Zitrone
Pfeffer aus der Mühle
Meersalz

Den Backofen auf 175 °C vorheizen. Die Fenchelknollen von Stängeln und braunen Stellen befreien. Unten nur so viel abschneiden, dass die Knollen noch zusammenhalten. Das Fenchelgrün und die Kräuter fein hacken. Die Fenchelknollen der Länge nach halbieren, besonders große vierteln. In eine ofenfeste Form stellen, mit etwas Olivenöl beträufeln, mit den Pinienkernen bestreuen und im vorgeheizten Backofen 20 Minuten weich braten.

Das restliche Olivenöl mit dem Zitronensaft, der abgeriebenen Zitronenschale, Pfeffer, Salz und den Kräutern verrühren und die Mischung über dem noch warmen Fenchel verteilen. Lauwarm oder auf Zimmertemperatur abgekühlt servieren.

Dieses Rezept wird all die ansprechen, die das lakritzige Anisaroma von Fenchel nicht so gern mögen. Gebacken wird das Gemüse nämlich süßlich und zart und verliert diese Note ganz.

RATATOUILLE NIÇOISE ⊗ ⊗

Mir persönlich schmeckt dieses Gericht am allerbesten einen Tag nach dem Kochen kalt mit einigen Spritzern Zitronensaft. Aber natürlich ist das südfranzösische Gemüseragout auch frisch aus dem Topf mit Reis, knusprigem Brot oder kleinen Kartoffeln ein Gedicht. Traditionell werden Gemüsemischung und aromatische Tomatensauce separat zubereitet.

Vorbereitung: 30 Minuten, plus Ruhezeit für die Auberginen • Kochzeit: 30 Minuten

ZUTATEN

Für die Gemüsemischung:
1 Aubergine
2 Zucchini
Meersalz
1 grüne Paprikaschote
Olivenöl zum Anbraten

Für die Tomatensauce:
1 kleine Zwiebel
4 EL Olivenöl
4 reife Tomaten, entkernt und in Würfel
  geschnitten
1 rote Paprikaschote, in Würfel geschnitten
2 Knoblauchzehen
1 mediterranes Kräutersträußchen (Thymian
  und Lorbeer oder Majoran und Basilikum)
1 EL Agavendicksaft oder 1 TL Rohrohrzucker
Meersalz
Pfeffer aus der Mühle

Für die Gemüsemischung die Aubergine und die Zucchini so schälen, dass sich geschälte und ungeschälte Streifen abwechseln. In Würfel schneiden, salzen und 30 Minuten ziehen lassen.

Für die Tomatensauce die Zwiebel fein hacken und in einem schweren Topf in dem Olivenöl sanft anbräunen. Die Tomaten, die rote Paprikaschote, die Knoblauchzehen, das Kräutersträußchen, den Agavendicksaft oder Rohrohrzucker, Salz und Pfeffer dazugeben und alles abgedeckt bei niedriger Temperatur etwa 15 Minuten schmoren lassen. Anschließend das Kräutersträußchen und die Knoblauchzehen herausnehmen.

Die grüne Paprikaschote würfeln. Zusammen mit den abgetrockneten Auberginen- und Zucchiniwürfeln in einer Pfanne in Olivenöl 10 Minuten goldbraun braten. Aus der Pfanne nehmen und abtropfen lassen. Das Gemüse zu der Tomatensauce geben und alles weitere 15 Minuten garen. Vor dem Servieren einige Minuten abkühlen lassen, sonst verbrennt man sich schnell die Zunge!

POLENTA-PIZZA »VERDURE« ⊗ ⊗

Um der wiederkehrenden Enttäuschung zu entgehen, dass mein Pizzaboden nicht so geworden ist wie der in meiner Lieblingspizzeria »Leon d'Oro« in Riva am Gardasee, suchte ich eine völlig andere Unterlage für den italienischen Klassiker. Ich stieß auf Polenta, die ja für sich eher langweilig ist. Indem die dünne Unterlage vor dem Belegen gebacken wird, kann man die Stücke fast aus der Hand essen ... wie im »Leon d'Oro«.

Vorbereitung: 15 Minuten, plus 30 Minuten Ruhezeit für die Polenta • Koch- und Backzeit: 1 Stunde einschließlich Tomatensauce

ZUTATEN

Für die Tomatensauce:
250 g reife Staudentomaten
2–3 EL Olivenöl
4 Knoblauchzehen, zerdrückt
Pfeffer aus der Mühle • Meersalz
2 EL fein gehacktes frisches Basilikum
alternativ:
rotes oder grünes veganes Pesto

Für den Boden:
250 ml Reismilch • 2 EL Olivenöl •
½ TL Meersalz • Pfeffer aus der Mühle •
200 g Polenta • 2 EL fein gehackter frischer
Oregano

Für den Belag (ganz nach Geschmack):
1 Aubergine • ½ Zucchini • 1 rote Paprikaschote •
2 EL Cashewmus, gemischt mit frischen
italienischen Kräutern • Olivenöl • Meersalz •
Pfeffer aus der Mühle
oder
1 Bund Rucola • 1 große Tomate •
dicke schwarze Oliven •
2 EL grob gehackte Haselnüsse • grünes Pesto •
Meersalz • Pfeffer aus der Mühle

Den Backofen auf 180 °C vorheizen. Für die Tomatensauce die Tomaten vierteln und entkernen. In einer ofenfesten Form mit dem Olivenöl, dem Knoblauch, Pfeffer und Salz auf der mittleren Schiene im Ofen etwa 30 Minuten rösten. Anschließend im Mörser oder mit einer Gabel zerdrücken und mit dem Basilikum verrühren.

In der Zwischenzeit für den Boden die Reismilch, 300 ml Wasser, das Olivenöl, Salz und Pfeffer in einem Topf zum Kochen bringen. Mit einem Schneebesen die Polenta einrühren und alles 10 Minuten bei niedriger Temperatur köcheln lassen. Anschließend unbedingt 30 Minuten abkühlen lassen. Ein Backblech mit Olivenöl bestreichen. Die Polenta aufrühren, dann auf dem Backblech zu zwei gleich großen, flachen Kreisen formen. Diese 15 Minuten im vorgeheizten Backofen backen.

Inzwischen für den Belag das Gemüse in Scheiben schneiden. Die Auberginen zusätzlich mit etwas Olivenöl bestreichen. Die Polentaböden mit Tomatensauce oder alternativ veganem Pesto bestreichen, dabei am Rand etwa 1 cm frei lassen. Das Pesto oder die Cashew-Kräuter-Creme auf der Tomatensauce verteilen. Die Pizzas nach Belieben belegen, dann weitere 15–20 Minuten backen, bis die Ränder sich goldbraun färben und der Belag gar ist. Mit frischen Kräutern dekorieren und heiß servieren!

LIMETTEN-MINZE-RISOTTO ⊗ ⊗

Ich persönlich mag den eher käsigen, durch die Verwendung von zu vielen Hefeflocken entstehenden Geschmack vieler veganer Risottos nicht. Ohne Hefeflocken kommt der feine Geschmack von zartem, frischem Gemüse wie Erbsen, Mais, Spargel oder grünen Bohnen viel besser zur Geltung.

Vorbereitung: 15 Minuten • Kochzeit: 30 Minuten

ZUTATEN

1 kleine rote Zwiebel, fein gehackt
2 EL Olivenöl
350 g Risottoreis (Arborio oder Carnaroli)
750 ml Gemüsebrühe
100 ml trockener Weißwein (nach Belieben)
Saft von 3 Limetten
500 g grüner Spargel
500 g frische Erbsen in der Schote
  (oder 150 g Tiefkühlware, aufgetaut)
1 Prise Rohrohrzucker
1 kleine Handvoll frische Minzblätter
60 g Pinienkerne
abgeriebene Schale von 1 unbehandelten
  Limette
4 EL kalt gepresstes Olivenöl
Pfeffer aus der Mühle
Meersalz

Die Zwiebel in dem Olivenöl sanft anbräunen. Den Reis dazugeben und glasig anbraten. Mit der Hälfte der Gemüsebrühe und dem Weißwein (bei Nichtverwendung durch Brühe oder Wasser ersetzen) ablöschen. Den Limettensaft dazugeben und die Flüssigkeit bei niedriger Temperatur 5–10 Minuten einkochen lassen. Nach und nach die restliche Brühe dazugießen und den Risotto unter Rühren noch etwa 20 Minuten garen.

In der Zwischenzeit den Spargel von holzigen Enden befreien und die Stangen bei Bedarf unten ein wenig abschälen. Schräg in 3 cm lange Stücke schneiden und 5 Minuten mit den Erbsen und dem Zucker (hält die Erbsen knackig und grün!) in kochendem Wasser garen. Vorsichtig unter kaltem Wasser abschrecken und beiseitestellen.

Ein paar Minzblätter zum Dekorieren beiseitelegen. Die restliche Minze, die Pinienkerne, die Erbsen, die Limettenschale und das Olivenöl in den fertigen Risotto einrühren und alles mit Pfeffer und Salz abschmecken. Zum Schluss vorsichtig die Spargelstücke unterheben, ohne die Spitzen abzubrechen. Dazu passt ein knackiger grüner Salat sehr gut.

Zutatentipp: Risottoreis

Ein guter Risotto ist schön cremig, die Reiskörner haben aber noch Biss. Dafür braucht man den richtigen Reis. Meist wird Arborio aus Italiens Po-Ebene verwendet, der König unter den Risottoreissorten ist allerdings Carnaroli. Er verklebt nicht, hat einen süßlichen Nachgeschmack und wird noch cremiger als der Arborio.

PASTA PRIMAVERA ⊗

Vorbereitung: 20 Minuten • Kochzeit: 20 Minuten

ZUTATEN

Für die Pasta:

**500 g grünes Gemüse nach Geschmack
(z. B. Brokkoli, Fenchel, Zucchini, grüne
Paprikaschoten) • mindestens 100 ml Olivenöl •
1 Handvoll frisches Basilikum, in feine Streifen
geschnitten • 80 g Pinienkerne •
1 TL Knoblauchpulver • 400 g Spaghetti
Integrale (helle Vollkornspaghetti) •
4 reife Staudentomaten, fein gewürfelt •
1 rote Paprikaschote, in Streifen geschnitten •
2 Frühlingszwiebeln, in feine Ringe geschnitten**

Für den Macadamia-»Parmesan«:

**100 g Macadamianüsse, fein geraspelt •
1 EL Hefeflocken • ½ TL Meersalz**

Das Gemüse putzen und in Stücke schneiden. Das Öl in einer Pfanne erhitzen und darin das Gemüse bei mittlerer Temperatur anbraten. 1 EL Basilikumblätter beiseitelegen. Die Pinienkerne, das Knoblauchpulver und die restlichen Basilikumblätter zu dem Gemüse geben und alles sanft noch etwa 10 Minuten garen.

Die Spaghetti al dente kochen. In der Zwischenzeit für den »Parmesan« die Macadamianüsse fein raspeln und sehr gründlich mit den Hefeflocken und dem Salz verrühren, am besten alles kurz in der Küchenmaschine vermischen.

Die Spaghetti abgießen und in eine große Schüssel geben. Das Gemüse mitsamt Öl, den rohen Tomatenwürfeln, den Paprikastreifen und den Frühlingszwiebeln dazugeben und alles behutsam vermengen. Sofort mit den Basilikumstreifen und dem Macadamia-»Parmesan« servieren.

SPAGHETTI ALLA PUTTANESCA ⊗

Vorbereitung: 10 Minuten • Kochzeit: 20 Minuten

ZUTATEN

**800 g frische Tomaten • 2 Knoblauchzehen, in
feine Scheiben geschnitten • ½ TL Chiliflocken •
4–5 EL Olivenöl • 1 Prise getrockneter Oregano •
Meersalz • Pfeffer aus der Mühle •
400 g Spaghetti Integrale (Vollkornspaghetti) •
150 g eingelegte schwarze Oliven, in feine
Scheiben geschnitten • 2 TL kleine Kapern**

Die Tomaten für 30 Sekunden in kochendes Wasser tauchen, dann enthäuten. Den Knoblauch und die Chiliflocken in dem Olivenöl bei niedriger Temperatur unter Rühren weich werden lassen. Nicht bräunen lassen, weil sie sonst bitter werden. Die Tomaten dazugeben, alles mit Oregano, Salz und Pfeffer kräftig würzen und bei niedriger Temperatur 15–20 Minuten köcheln lassen.

Die Spaghetti al dente kochen. Die Oliven und die Kapern in die Tomatensauce einrühren und die Sauce sofort mit den Spaghetti vermischen.

Für diese rustikale Sauce verwende ich die scharf eingelegten, schon entsteinten Oliven vom griechischen Antipasti-Verkäufer.

WALNUSS-MOUSSAKA ✕

Dieser griechische Klassiker ist genau das Richtige, um gemeinsam mit netten Menschen eine fröhliche Stunde in der Küche zu verbringen. Jeder bereitet eine Komponente zu, und heraus kommt dieser köstliche mediterrane Sattmacher.

Vorbereitung: 1 Stunde, plus 1 Stunde Einweichzeit für Nüsse und Auberginen •
Koch- und Backzeit: 30 Minuten

ZUTATEN

4–5 Auberginen • Meersalz • 1–2 EL Olivenöl

Für die Walnuss-Pilz-Masse:
**200 g Walnussbruch • 1 große Zwiebel, gehackt •
4 EL Olivenöl • 400 g Champignons, in feine
Scheiben geschnitten • 3 EL *tamari* •
½ TL gemahlener Kreuzkümmel •
1 EL frischer Oregano •
1 TL scharfes Paprikapulver •
Pfeffer aus der Mühle • ½ TL Meersalz •
1 EL Maisstärke oder Pfeilwurzmehl**

Für die Tomatensauce:
**1 kleine rote Zwiebel, fein gehackt •
4 EL Olivenöl • 750 g passierte Tomaten •
3 Knoblauchzehen, zerdrückt • 3 EL *tamari* •
2 EL Agavendicksaft • 1 TL Zimt •
1 EL frischer Oregano • 1 EL fein gehackte
Petersilie • Pfeffer aus der Mühle • Meersalz**

Für die Cashew-Béchamel:
**200 g ungesalzene Cashewkerne, fein gehackt •
3 EL Hefeflocken • 1 Knoblauchzehe, zerdrückt •
½ TL Zwiebelpulver (nach Belieben) •
½ TL geriebene Muskatnuss • ½ TL Salz •
100 g Macadamianüsse, fein gerieben,
zum Bestreuen**

Walnüsse und Cashewkerne je 1 Stunde in Wasser einweichen.

Die Auberginen der Länge nach in dünne Scheiben schneiden, salzen und 45 Minuten ziehen lassen. Den Backofen auf 180 °C vorheizen. Die Auberginenscheiben trocken tupfen, mit Olivenöl bestreichen und auf einem Backblech 20 Minuten im Ofen garen.

In der Zwischenzeit für die Walnuss-Pilz-Masse die Zwiebel in einer Pfanne in dem Öl anbräunen. Alle anderen Zutaten außer der Maisstärke dazugeben und alles 5–10 Minuten braten. Mit der Maisstärke binden.

Für die Tomatensauce die Zwiebel in einem Topf in dem Olivenöl anbräunen. Alle anderen Zutaten dazugeben und alles 15 Minuten bei niedriger Temperatur köcheln lassen.

Für die Cashew-Béchamel alle Zutaten im Mixer mit 100 ml Wasser zu einer glatten Creme verarbeiten.

Den Boden der Auflaufform mit einem Drittel der Walnuss-Pilz-Masse bedecken. Ein Drittel der Tomatensauce darauf verteilen, dann ein Drittel der Auberginen und ein Drittel der Béchamel. So weiterschichten. Mit einer Béchamelschicht abschließen. Mit den Macadamianüssen bestreuen und alles im Ofen 30 Minuten goldbraun backen. 20 Minuten ruhen lassen, dann lauwarm servieren.

PFIRSICHTARTE TATIN ⊗

Eine Tarte Tatin zuzubereiten ist eine wahre Freude! Der Teig kommt oben auf den Kuchen und wird so schön knusprig, während die karamellisierte Füllung im warmen Mantel weich, aromatisch und saftig bleibt. Traditionell wird die Tarte mit Äpfeln gebacken, diese Pfirsich-Thymian-Variation habe ich in einem Café in Marseille entdeckt. Der Thymian verleiht dieser Tarte eine sehr mediterrane Note, man kann ihn auch gut durch Lavendelblüten oder Vanille ersetzen.

Vorbereitung: 30 Minuten •
Koch- und Backzeit: 45 Minuten

ZUTATEN

Für den Mürbeteig:

200 g Dinkelmehl (Vollkornanteil nach Geschmack)

½ TL Meersalz

100 g kalte vegane Butter, in ganz kleine Stücke geschnitten

30 g Rohrohrzucker

2 EL kalte Hafermilch

Für die Füllung:

1,2 kg Pfirsiche

50 g Rohrohrzucker

½ TL getrockneter Thymian, plus etwas zum Bestreuen

60 g vegane Butter oder Sonnenblumenöl

Das Mehl, das Salz, die kalte Butter, den Rohrohrzucker und die Milch rasch zu einem glatten Teig verkneten und in Frischhaltefolie 1 Stunde in den Kühlschrank legen.

Die Pfirsiche halbieren, entsteinen und nach Belieben weiter vierteln oder achteln. Den Zucker, den Thymian und Butter oder Öl in einem Topf mit schwerem Boden sanft erhitzen. Die Pfirsiche dazugeben und diese bei niedriger Temperatur und unter behutsamem Rühren 10–15 Minuten weich dünsten. Die Mischung in eine gefettete Springform füllen.

Den Backofen auf 180 °C vorheizen. Den Teig ausrollen, über der Pfirsichschicht ausbreiten und die Ränder leicht in die Form drücken. Die Teigoberfläche mit einer Gabel vorsichtig an mehreren Stellen einstechen. Den Kuchen im vorgeheizten Backofen 30 Minuten goldbraun und knusprig backen.

Den Kuchen etwas abkühlen lassen, dann vorsichtig den Springformrand lösen und den Kuchen schwungvoll, aber behutsam auf einen Teller stürzen. Mit etwas Thymian bestreuen und servieren. Leckermäulchen werden zu der warmen Tarte noch eine Kugel veganes Vanilleeis oder einen Löffel Vollfett-Kokosmilch mögen!

ERDBEER-PANNACOTTA ✣ ✣

Vorbereitung: 20 Minuten, plus 2 Stunden Kühlzeit •
Kochzeit: 10 Minuten

ZUTATEN

200 ml Kokosmilch
200 ml Mandelmilch •
600 g frische Beeren • 1 TL Zuckerrüben-
oder Reissirup • 40 g Rohrzucker •
1 Msp. gemahlene Vanille •
Agar-Agar für 600 ml Flüssigkeit •
Minzeblättchen und Lavendelblüten zum
Dekorieren

Die Kokosmilch, die Mandelmilch und 200 g von den Beeren im Mixer ganz glatt pürieren. Nach Belieben die Beerenkerne absieben. Die Beerenmilch in einem kleinen Topf mit schwerem Boden erwärmen. Den Sirup, den Zucker und die Vanille einrühren und die Milch gerade eben zum Kochen bringen.

Das Agar-Agar nach Herstelleranweisung dosiert in die heiße (wichtig!) Milch einrühren und die Mischung 1–2 Minuten köcheln lassen. Die heiße und noch ganz flüssige Creme auf vier Gläschen verteilen, abkühlen lassen und zum Festwerden 2 Stunden in den Kühlschrank stellen.

Die restlichen Beeren ganz oder püriert über die Creme geben und die Portionen mit Minze und Lavendelblüten dekorieren.

MOUSSE AU »CHOCOLAT«

Vorbereitung: 10 Minuten

ZUTATEN

Fleisch von 2 reifen (wichtig!) Avocados •
50 g Agavendicksaft oder Soft-Datteln (Medjool) •
100 ml Haselnussmilch oder Hafermilch
oder -sahne • 5 EL Kakaopulver •
2 EL gemahlene Haselnüsse oder Haselnussmus
(nach Belieben) • Saft von ½ Orange •
½ TL Vanillepulver • 1 große Prise Meersalz

Außerdem nach Geschmack:
1 TL geriebener frischer Ingwer •
abgeriebene Orangenschale •
frische Minzblätter • Zimt • Kardamom •
2 EL _tahine_ (arabische Sesampaste)

Bei der Verwendung von Datteln diese zunächst im Mixer mit 2 EL Wasser zu einer weichen Masse verarbeiten.

Alle Zutaten im Mixer zu einer luftigen, glatten Creme pürieren. Kühl stellen oder mit frischen Beeren oder Minzblättern dekoriert sofort servieren.

Stabmixer oder Mixer vorausgesetzt, könnte dies die schnellste Mousse au chocolat überhaupt sein! Reife Avocados besitzen so gut wie keinen Eigengeschmack, geben dieser Mousse aber ihre samtig-cremige Konsistenz. Haselnüsse steuern eine zusätzliche Geschmackskomponente bei!

Nördlich der Alpen sind die Jahreszeiten die schönsten ganz Europas: Sobald die ersten Frühlingssonnenstrahlen sich nach den langen, dunklen und klirrend kalten Wintermonaten durchgesetzt haben, wird bereits das erste zarte Grün geerntet und die Nahrung für das ganze Jahr mit großer Leidenschaft in den Gärten und auf den Feldern angebaut. In Paris stellen die Bistrobesitzer Tische und Stühle hinaus, in München eröffnen die Biergärten und in Stockholm füllen sich die Straßencafés. Im Juni feiern die Bewohner Sankt Petersburgs und Oslos die weißen Nächte und das Leben verlangsamt sich wieder. Man genießt die Sommerwärme und plant die Ferien. Im farbenfrohen Herbst – meiner Lieblingsjahreszeit – wird wieder fleißig gearbeitet, geerntet und alles für den Winter vorbereitet, denn dann schwindet langsam wieder das Licht und die Zeit in kuschelig beheizten Zimmern beginnt von Neuem.

VON SKANDINAVIEN BIS ZU DEN ALPEN

Deftige Hausmannskost aus Nord- und Mitteleuropa

Die Bauern Nord- und Mitteleuropas müssen mit einem kalten Klima und vergleichsweise wenigen Sonnenstunden umgehen. So bilden seit jeher rustikale Getreidesorten wie Roggen oder Gerste, süßes Wurzelgemüse wie Karotten und Pastinaken, allerlei Sorten von Kohl und Hülsenfrüchte die zentralen pflanzlichen Bestandteile unserer traditionellen Küche.

Als Produkt einer »gesamteuropäischen« Prägung – britisch-holländischer Abstammung, aufgewachsen im kulinarischen Eldorado Frankreich und seitdem in Deutschland wohnhaft – steht mir der Sinn häufig nach der deftigen Hausmannskost meiner Vorfahren und ich liebe es, fleischlose Varianten der Leibgerichte meiner Kindheit zu kochen: *shepherd's pie*, Quiche und Geschnetzeltes Stroganoff in den verschiedensten Kombinationen! Über die Jahre habe ich die so entstandenen Rezepte immer weiter verbessert. Ich experimentierte mit Vollkornmehl und suchte nach proteinreichen Alternativen zu Tofu und Sojaschnetzeln. Vor allem probierte ich immer wieder neue Varianten, um mit in der Nordhälfte Europas heimischen Zutaten köstliche Gerichte zu zaubern.

Früh erkannte ich ein wesentliches Geheimnis guter veganer Küche: selbst gemachte Gemüsebrühe. Sie lässt sich ganz einfach in großen Mengen herstellen und portionsweise für die spätere Zubereitung von Suppen, Eintöpfen und Currys einfrieren. Dann lernte ich, wie viel nahrhafter und schmackhafter heimische frische Zutaten verglichen mit tiefgefrorenen, eingeflogenen oder unreif geernteten und wochenlang per Schiff angereisten Ingredienzen sind. Die meisten Rezepte in diesem Kapitel, wie das Sellerieschnitzel, der Kaiserschmarren oder die Maultaschen, verlangen einfache regionale Produkte – Zutaten, die auf jedem Wochenmarkt frisch vom Bauern angeboten werden. Für die Quiche, den Auberginen-»Speck« beim steirischen Vogerlsalat oder die Kohlrouladen verwende ich dazu noch kleine Helfer wie *miso* oder getrocknete Pilze, um den deftigen Geschmack zu unterstreichen.

Nicht ganz so regional, aber in meinen Augen in der veganen Küche nahezu unverzichtbar ist die Avocado. Die wundervoll cremige Frucht ist mein Lieblingsersatz für

Eier und Sahne, wie etwa bei der Quiche. Sie ist so viel schmackhafter – und gesünder – als künstliche No-Egg-Produkte. Frische und getrocknete Steinpilze sind eine weitere magische Zutat. Sie geben Gerichten einen würzigen, fast »fleischigen« Geschmack, der in Japan *umami* genannt wird – die fünfte Geschmacksrichtung neben süß, sauer, salzig und bitter. Pilzpulver wird auf Wochenmärkten und im Internet angeboten, für die Zubereitung von deftigen Brühen, Saucen und Suppen eignen sich Steinpilz- oder Shiitakepulver. Suchen Sie gute Wild- oder Bioqualität, es lohnt sich!

Mit den Jahren entwickelte sich die Quiche lorraine also zur nahrhaften Avocado-Kichererbsen-Quiche und die *shepherd's pie* konnte wieder mit einer angemessen herzhaften Füllung aus Pilzen und französischen Linsen aufwarten. Natürlich sollen die nächsten Seiten nicht nur als starre Kochvorlage dienen, sondern auch dazu inspirieren, Großmutters Rezepte wieder hervorzuholen und tierfreundlich »nachzubauen«, quasi als deftige Hausmannskost für Weltverbesserer!

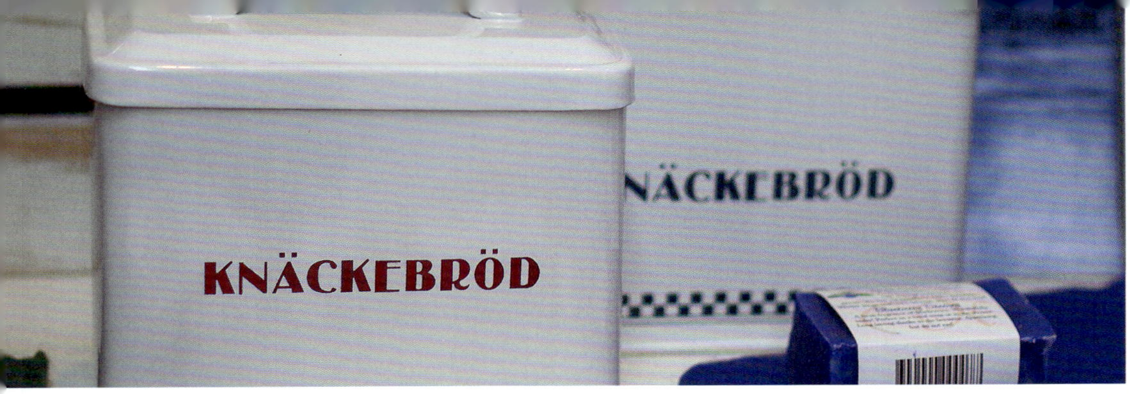
KNÄCKEBRÖD
NÄCKEBRÖD

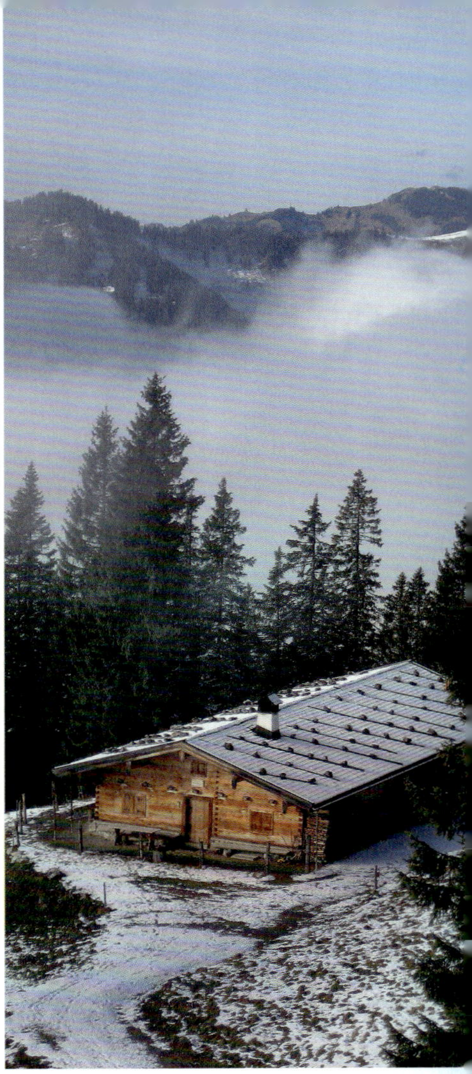

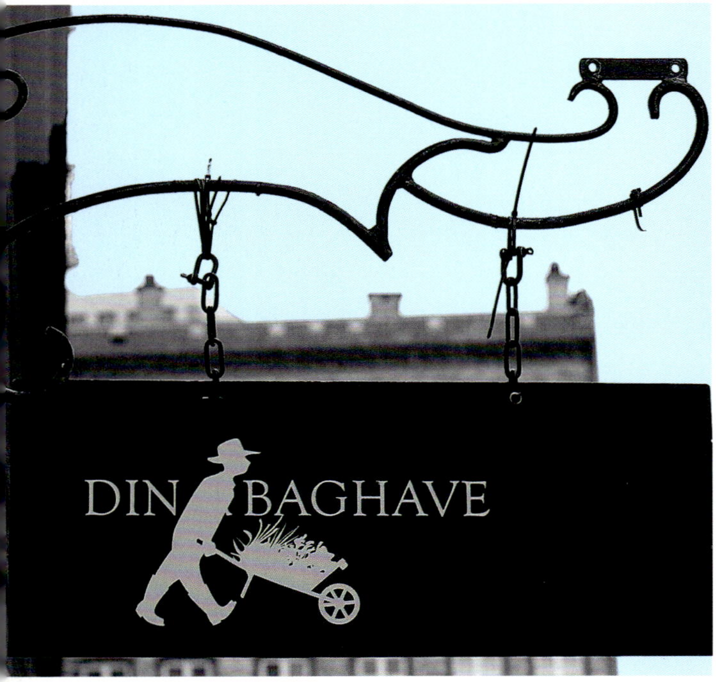
DIN BAGHAVE

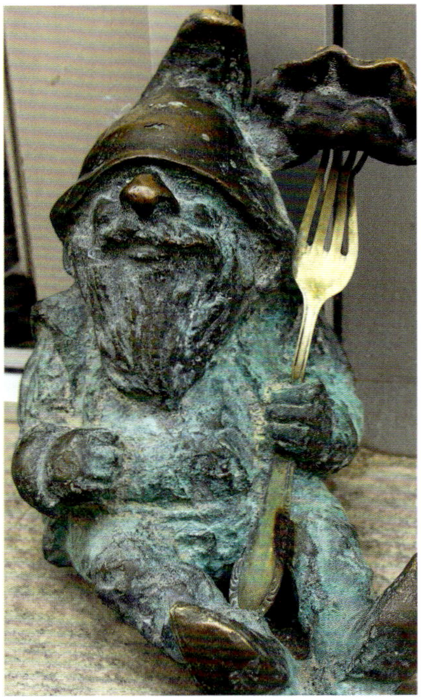

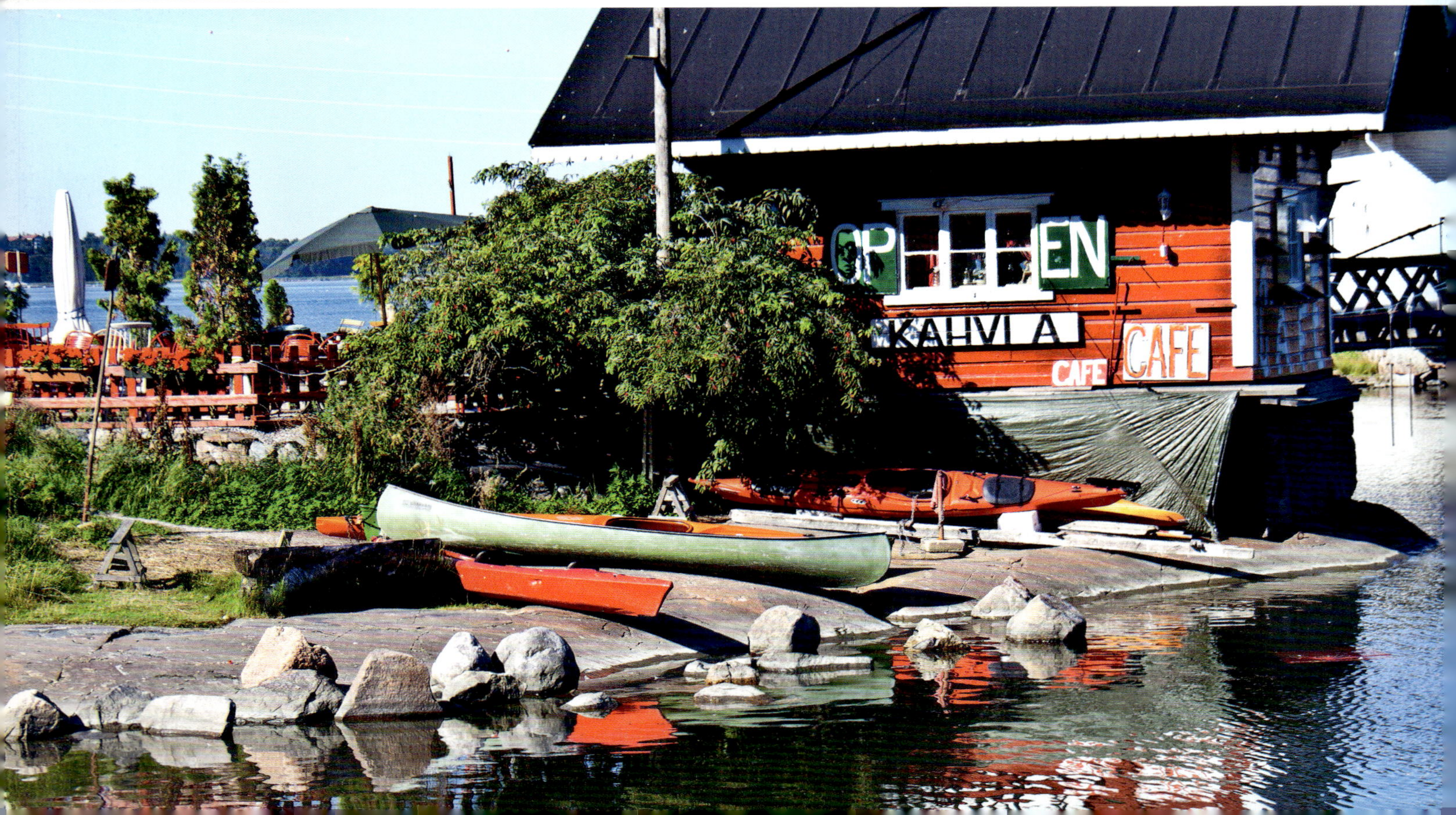
CAFE
CAFE

RUIS-
REIKÄLEIPÄ
2.40€

2.40€

RUISPATUKKA
1.90€

SNACK

SAMTIGE MARONENSUPPE ⊗

Vorbereitung: 20 Minuten • Kochzeit: 50 Minuten

ZUTATEN

**400 g gegarte Maronen • 1 mittelgroße rote
Zwiebel • 1 Stange Sellerie • 2 Knoblauchzehen •
4 EL Olivenöl • 2 große Karotten •
1 kleine Kartoffel • 750 ml Gemüsebrühe
(siehe unten) • 300 ml Hafermilch •
200 ml Hafersahne, plus etwas zum Servieren •
1 Msp. gemahlene Gewürznelke •
1 EL frischer Thymian, fein gehackt •
1 Lorbeerblatt • Pfeffer aus der Mühle • Meersalz**

Vier Maronen beiseitelegen. Die Zwiebel, die Selleriestange und den Knoblauch fein hacken und in einem Suppentopf in dem Öl sanft anbräunen. Die Karotten, die Kartoffel und die restlichen Maronen würfeln. Zu dem Gemüse in den Topf geben und 5 Minuten mitbraten. Mit der Gemüsebrühe, der Hafermilch und der Hafersahne aufgießen. Die Gewürznelke, den Thymian und das Lorbeerblatt dazugeben und alles 40 Minuten bei mittlerer Temperatur köcheln lassen, bis die Maronen weich sind.

Die Suppe mit Pfeffer und Salz abschmecken. Das Lorbeerblatt entfernen und die Suppe mit dem Stabmixer pürieren. Auf vier Suppenschüsseln verteilen. Die beiseitegelegten Maronen zerkrümeln. Die Suppe mit einem Schuss Hafersahne und zerkrümelten Maronen garnieren und heiß servieren.

KRÄFTIGE BRÜHE AUS GERÖSTETEM GEMÜSE ⊗

Vorbereitung: 15 Minuten • Kochzeit: 1 ½ Stunden

ZUTATEN

**4 getrocknete Shiitakepilze, gut gewaschen •
750 g Zwiebeln • 1 Knolle Sellerie mit Grün
(ca. 750 g) • 1 kg Pastinaken oder Karotten •
6 Knoblauchzehen • 2 rote Paprikaschoten, in
Streifen geschnitten • 200 ml Olivenöl •
2 Stangen Lauch, in feine Ringe geschnitten •
6 EL *tamari* (japanische Sojasauce) •
1 TL Fenchelsamen •
1 TL schwarze Pfefferkörner •
2 Zweige frischer Thymian • 3 Lorbeerblätter •
Meersalz • Pfeffer aus der Mühle**

Den Backofen auf 180 °C vorheizen. Die Shiitakepilze 10 Minuten einweichen. Die Zwiebeln, den Sellerie (ohne Grün), die Pastinaken oder Karotten und die Knoblauchzehen schälen und in große Stücke schneiden. Zusammen mit den Paprikastreifen (Haut nach oben) auf einem geölten Backblech ausbreiten. Das Gemüse mit Olivenöl einpinseln und im oberen Drittel des Ofens 20 Minuten goldbraun rösten.

Das restliche Öl in einem Suppentopf erhitzen und darin die Lauchringe sanft anbräunen. Das geröstete Gemüse, 3,5 l Wasser und die *tamari* dazugeben. Die Shiitakepilze in Scheiben schneiden. Die Fenchelsamen und die Pfefferkörner im Mörser zerstoßen und zusammen mit dem Selleriegrün, den Pilzen, dem Thymian und den Lorbeerblättern dazugeben.

Die Brühe 1 Stunde zugedeckt sanft köcheln lassen. Mit Salz und Pfeffer abschmecken, durch ein Sieb abseihen, abkühlen lassen und sofort verwenden oder portionsweise einfrieren. Das Suppengemüse schmeckt als Püree mit einem Schuss Nussöl besonders gut.

POLNISCHER BORSCHTSCH ⊗ ⊗

Rote Bete und Kohl sind richtige Vitamin- und Mineralstoffbomben und machen aus diesem Klassiker einen nahrhaften und wohlig wärmenden Eintopf für kalte Wintertage. Schön seine satte, karminrote Farbe macht gute Laune!

Vorbereitung: 20 Minuten • Kochzeit: 45 Minuten

ZUTATEN

Für die Suppe:

300 g Rote Bete, geschält (Einmalhandschuhe verwenden!)
1 große Zwiebel, fein gehackt
6 EL Raps- oder Sonnenblumenöl
1 Karotte, in feine Scheiben geschnitten
1 Stange Lauch, in feine Ringe geschnitten
2 Wacholderbeeren
1 Lorbeerblatt
1,5 l Gemüsebrühe
1 Stange Sellerie, in feine Scheiben geschnitten
2 mittelgroße Kartoffeln, klein gewürfelt
½ kleiner Kopf Weißkohl, in feine Streifen gehobelt
2 Knoblauchzehen, zerdrückt
2 EL Apfelessig
1 Prise Rohrohrzucker
Meersalz
reichlich Pfeffer aus der Mühle

Zum Servieren:

4 EL Hafersahne (dann nicht glutenfrei)
2 EL frische Dillspitzen

Drei Viertel der Roten Beten klein würfeln, den Rest fein raspeln. Die Zwiebel bei mittlerer Temperatur in einem Suppentopf in dem Öl sanft anbräunen. Die Karotte, die Lauchringe, die Rote-Bete-Würfel, die Wacholderbeeren und das Lorbeerblatt dazugeben. Alles gut im Öl wenden und 10 Minuten braten. Dabei eventuell etwas Brühe hinzufügen.

Die restliche Brühe und die restlichen Zutaten für die Suppe dazugeben und alles 30 Minuten köcheln lassen, bis das Gemüse weich ist.

Die Suppe mit Salz und Pfeffer abschmecken. Wacholderbeeren und Lorbeerblatt entfernen. Die Suppe mit einem Schuss Hafersahne dekorieren, mit Dillspitzen bestreuen und mit knusprigem Bauernbrot servieren.

SCHWEDISCHE DONNERSTAGSSUPPE ⊗

In Schweden wird diese dicke Erbsensuppe bis heute traditionell am Donnerstag gegessen. Weil früher freitags strikt gefastet wurde, speiste man am Vorabend besonders nachhaltig. Die Suppe wird mit Senf und Roggenknäcke oder ganz klassisch mit dünnen Pfannkuchen serviert.

Vorbereitung: 10 Minuten, plus Einweichzeit für die Erbsen • Kochzeit: 60–90 Minuten, je nach Erbsensorte

ZUTATEN

Für die Suppe:

400 g getrocknete gelbe oder grüne Schälerbsen
1 TL Natron (nach Belieben)
2 mittelgroße Zwiebeln, fein gehackt
1 große Karotte, grob geraspelt
2 Lorbeerblätter
2 Gewürznelken, in eine kleine Zwiebel gesteckt
½ Bund Thymian oder Majoran, fein gehackt
2 EL dunkle *miso*
Pfeffer aus der Mühle
Meersalz

Zum Servieren:

4 EL scharfer, körniger Senf

Die Erbsen über Nacht einweichen, anschließend in klarem Wasser abspülen. Zusammen mit 1,5 l Wasser, dem Natron, den gehackten Zwiebeln, den Karottenraspeln sowie den Lorbeerblättern, der mit den Gewürznelken gespickten Zwiebel und den Kräutern in einen Suppentopf geben und alles zum Kochen bringen. Noch nicht salzen, da Salz das Weichwerden der Hülsenfrüchte verhindert. Alles 60–90 Minuten köcheln lassen, bis die Erbsen weich sind.

Die *miso* und den Pfeffer einrühren und die Suppe mit Salz abschmecken. Die Lorbeerblätter und die Nelkenzwiebel entfernen und die Suppe portionsweise mit einem dicken Klecks körnigem Senf servieren.

Zutatentipp: MISO

Miso ist eine japanische Würzpaste aus fermentierten, gedämpften Sojabohnen und Getreide, meist Gerste oder Reis. Sie verleiht Gerichten *umami*, den fleischigen, herzhaften Geschmack, den wir auch von Stein- oder Shiitakepilzen kennen. *Miso* gibt es von hellbraun über dunkelbraun bis rot, je dunkler, desto intensiver ist der Geschmack. *Miso* ist wie Sojasauce recht salzig, also vorsichtig nachsalzen!

STEIRISCHER VOGERLSALAT ⊗

Vogerlsalat, außerhalb Österreichs wohl besser bekannt als Feldsalat, wird in der Steiermark gern mit warmen Kartoffeln, Kürbiskernöl und gebratenem Speck gegessen. Der Speck lässt sich wunderbar durch die hier beschriebenen würzig-salzigen Auberginenstreifen ersetzen – und zwar nicht nur bei diesem Gericht.

Vorbereitung: 20 Minuten, plus 2 Stunden
Marinierzeit • Kochzeit: 30 Minuten

ZUTATEN

Für den gebratenen Auberginen-»Speck«:

150 ml Olivenöl, plus etwas zum Anbraten
100 ml *tamari* (japanische Sojasauce)
**1 EL *pimentón de la vera* (geräuchertes
   Paprikapulver) oder scharfes Paprikapulver**
1 EL Agavendicksaft
1 TL Meersalz
reichlich Pfeffer aus der Mühle
2 große Auberginen

Für den Salat:

1 kg Frühkartoffeln
60 g Kürbiskerne
150 ml kalt gepresstes Kürbiskernöl
120 ml Apfelessig
1 Schalotte, fein gehackt
2 TL mittelscharfer Senf
Meersalz
Pfeffer aus der Mühle
200 g Feldsalat, gewaschen und geputzt

Für den gebratenen Auberginen-»Speck« das Olivenöl, die *tamari*, das Paprikapulver, den Agavendicksaft, Salz und Pfeffer zu einer Marinade verrühren. Die Auberginen längs in etwa 5 mm dicke Scheiben schneiden und diese mindestens 2 Stunden in die Marinade legen.

Anschließend die Auberginenscheiben aus der Marinade nehmen. Die Marinade, wenn nötig verflüssigt mit einem Schuss Olivenöl, in einer großen Pfanne erhitzen. Die Auberginen darin nebeneinander knusprig braten. Alternativ die Auberginen ohne Marinade auf einem Backblech im Backofen grillen. Beiseitestellen.

Für den Vogerlsalat die Kartoffeln abbürsten und in der Schale 20 Minuten gar kochen. Die Kürbiskerne in einer kleinen Pfanne ohne Öl anrösten. Beiseitestellen.

Das Kürbiskernöl, den Apfelessig, die Schalotte und den Senf in einer großen Salatschüssel vermischen und das Dressing mit Salz und Pfeffer abschmecken. Die noch warmen Kartoffeln in Scheiben schneiden und vorsichtig mit dem Feldsalat und dem Dressing vermischen. Den Salat mit dem gebratenen Auberginen-»Speck« und den gerösteten Kürbiskernen anrichten und mit knusprigem Brot servieren.

AVOCADO-KICHERERBSEN-QUICHE ⊗

Quiches und Gemüsekuchen sind perfekte Partygerichte. Diese Version entstand aus dem Wunsch, eine vegane Quiche ohne Sahne oder Tofu zu backen. Kichererbsen geben der Füllung Festigkeit und die Überraschungszutat Avocado verleiht ihr eine seidig-cremige Konsistenz. Der Lauch lässt sich gut durch andere Gemüsearten wie Brokkoli, Kürbis, Spinat oder Pilze ersetzen.

Vorbereitung: 30 Minuten, plus 1 Stunde Ruhezeit für den Teig und Einweichzeit für die Kichererbsen • Backzeit: 40 Minuten

ZUTATEN

Für den Teig:

150 g kalte vegane Butter
300 g Dinkelmehl
½ TL Meersalz
5 EL kalte Hafermilch

Für die Füllung:

200 g Kichererbsen (oder 400 g gegarte)
1 TL Natron (nach Belieben)
1 große Zwiebel, in Streifen geschnitten
2 Knoblauchzehen, zerdrückt
Olivenöl zum Anbraten
2 Stangen Lauch, in Ringe geschnitten
100 ml Hafermilch
3–4 EL Hefeflocken oder 3 EL helle *miso* (dann nicht sojafrei)
2 große Avocados, geschält und entsteint
Saft von ½ Zitrone
1 TL geriebene Muskatnuss
1 TL Kurkuma
1 EL scharfes Paprikapulver
reichlich Pfeffer aus der Mühle
2 TL Meersalz
5–10 Cocktailtomaten, halbiert
1 EL Sesamsamen

Die Kichererbsen etwa 12 Stunden in Wasser einweichen. Anschließend abgießen und 1 Stunde in frischem Wasser nach Belieben mit dem Natron, aber ohne Salz weich kochen.

Für den Teig die Butter in sehr kleine Stücke schneiden. Das Mehl, das Salz und die Butterstückchen zügig vermischen. Die kalte Milch einarbeiten, alles zu einem glatten Teig verkneten und diesen zu einer Kugel formen. 1 Stunde im Kühlschrank ruhen lassen, damit der Teig später mürbe und knusprig wird.

Den Backofen auf 180 °C vorheizen. Die Zwiebel und den Knoblauch in reichlich Olivenöl sanft anbräunen. Den Lauch dazugeben und mitbraten, bis er weich ist. In einer Schüssel die Kichererbsen mit der Hafermilch und den Hefeflocken oder der *miso* mit dem Stabmixer grob pürieren. Das Avocadofleisch, den Zitronensaft, die Gewürze und den gebratenen Lauch untermischen.

Den Mürbeteig ausrollen und mit einem Rand von etwa 4 cm Höhe in eine Springform mit 28 cm Durchmesser legen. Im vorgeheizten Backofen 20 Minuten vorbacken. Herausnehmen. Die Füllung in die Teigschale geben. Die halbierten Cocktailtomaten mit der Schnittfläche nach oben auf der Füllung verteilen, dann die Oberfläche mit den Sesamsamen bestreuen. Die Quiche weitere 40 Minuten goldbraun backen. Vorsichtig aus der Form lösen und noch warm mit einem knackigen grünen Salat servieren.

MAULTASCHEN MIT PILZ-SPINAT-FÜLLUNG

Maultaschen sind ideal für alle, die, wie ich, selbst gemachte Pasta lieben, denen Ravioli oder Tortellini aber zu viel Arbeit sind. Die Füllung lässt sich nach Lust und Laune variieren, die Walnüsse, die Champignons und die TAMARI verleihen ihr einen feinwürzigen Geschmack. Dazu schmecken ein frischer Salat oder Sauerkraut besonders gut.

Vorbereitung: 1 Stunde • Kochzeit: 20 Minuten

ZUTATEN

Für den Teig:

300 g Dinkelmehl (Vollkornanteil nach Geschmack bis 50 %)
3 EL Olivenöl
½ TL Meersalz

Für die Füllung:

1 große Kartoffel oder 1 altbackenes Brötchen
100 g Walnusskerne, grob gehackt
1 große Zwiebel, fein gehackt
6 EL Olivenöl
200 g Champignons, fein gehackt
200 g Spinat, fein gehackt
4 EL *tamari* (japanische Sojasauce)
1 EL Paprikapulver
1 TL Meersalz
reichlich Pfeffer aus der Mühle
1,5 l Gemüsebrühe

Außerdem:

Olivenöl
2 große Zwiebeln, in Ringe geschnitten
1 Bund Schnittlauch, in feine Röllchen geschnitten

Für den Teig das Mehl, 140 ml lauwarmes Wasser (bei Verwendung von Vollkornmehl etwas mehr), das Öl und das Salz gründlich zu einem festen, glänzenden Teig verkneten. In Frischhaltefolie gewickelt 1 Stunde im Kühlschrank ruhen lassen.

In der Zwischenzeit für die Füllung die Kartoffel schälen und gar kochen. Die Walnusskerne 15 Minuten in Wasser einweichen. Die Zwiebel in einer großen Pfanne in dem Olivenöl anbraten. Die Champignons und den Spinat dazugeben und alles gleichmäßig garen. Mit der *tamari* ablöschen und die Mischung vom Herd nehmen. Die gekochte Kartoffel zerdrücken und zusammen mit den Walnusskernen unter die Gemüsemischung rühren. Mit Paprika, Salz und Pfeffer kräftig abschmecken.

Den Nudelteig erneut durchkneten, dann in 16 Portionen teilen und jede dünn zu einem Quadrat von etwa 10 cm Seitenlänge ausrollen. In die Mitte von acht Quadraten je 2 EL Füllung geben und diese mit einem zweiten Teigstück bedecken. Die Ränder mit einer Gabel sehr fest zusammendrücken.

Die Gemüsebrühe zum Kochen bringen und die Maultauschen darin in Portionen von je vier etwa 10 Minuten garen, bis sie an die Oberfläche steigen. In einer Pfanne in etwas Olivenöl die Zwiebelringe anbräunen. Die Maultauschen direkt aus der Brühe mit den Zwiebelringen und den Schnittlauchröllchen dekoriert servieren oder vor dem Servieren vorsichtig in etwas Olivenöl in der noch heißen Zwiebelpfanne anrösten.

SELLERIESCHNITZEL MIT UNGARISCHER PAPRIKASAUCE

Panieren funktioniert auch ohne Ei ganz wunderbar. Kichererbsen- oder Buchweizenmehl sind eiweißreich und geben diesen knusprigen Gemüseschnitzeln zusammen mit dem Sesam einen angenehm nussigen Geschmack. Mit Dinkelmehl klappt es aber auch.

Vorbereitung: 20 Minuten • Kochzeit: 30 Minuten

ZUTATEN

Für die Schnitzel:

100 g Kichererbsen- oder Buchweizenmehl

½ TL Meersalz

200 ml Gemüsebrühe oder Wasser

100 g Sesamsamen

1 kleine Knolle Sellerie

Mehl zum Wenden

Olivenöl zum Braten

Für die Paprikasauce:

2 mittelgroße Zwiebeln

2 rote Paprikaschoten

4 EL Sonnenblumenöl

3 EL edelsüßes Paprikapulver

200 ml Gemüsebrühe

2 EL Tomatenmark

**50 ml Hafersahne (nach Belieben –
   dann nicht glutenfrei)**

Meersalz

reichlich Pfeffer aus der Mühle

**1 EL Maisstärke oder Pfeilwurzmehl
   (nach Bedarf)**

Für die Schnitzel das Mehl, das Salz und die Gemüsebrühe verrühren und die Mischung 20 Minuten ruhen lassen. Die Sesamsamen in einer Pfanne ohne Fett knusprig und goldbraun rösten. Die Sellerieknolle schälen, in fingerdicke Scheiben schneiden und diese in kochendem Salzwasser 5 Minuten blanchieren. Mit kaltem Wasser abschrecken und mit Küchenpapier trocken tupfen.

Für die Paprikasauce die Zwiebeln und die Paprikaschoten in Streifen schneiden. Das Öl in einem Topf erhitzen und die Zwiebeln darin anbraten. Die Paprikastreifen und das Paprikapulver dazugeben und alles einige Minuten weiterbraten. Die Gemüsebrühe, das Tomatenmark und nach Belieben die Hafersahne untermischen, alles mit Salz und Pfeffer abschmecken und 10–15 Minuten köcheln lassen, bis die Sauce eindickt. Bei Bedarf zusätzlich mit etwas Maisstärke oder Pfeilwurzmehl binden.

In der Zwischenzeit die Selleriescheiben zunächst in Mehl wenden, dann durch den Backteig ziehen. Zuletzt in den Sesamsamen wenden und diese leicht andrücken. Die Sellerieschnitzel bei mittlerer Temperatur in einer Pfanne mit etwas Olivenöl 5–7 Minuten goldbraun braten. Auf Küchenpapier abtropfen lassen. Mit der Paprikasauce und nach Geschmack mit Pellkartoffeln oder Reis als Beilage servieren.

DÄNISCHES PFIFFERLINGBROT

Vorbereitung: 10 Minuten • Kochzeit: 10 Minuten

ZUTATEN

**6 EL Olivenöl • 1 große Zwiebel, in feine
Streifen geschnitten • 400 g Pfifferlinge, sauber
gebürstet • etwas *tamari* • Meersalz • reichlich
Pfeffer aus der Mühle • 4 Scheiben Roggenbrot**

Das Öl in einer Pfanne erhitzen und darin die Zwiebel und die Pfifferlinge schön goldbraun braten. Mit der *tamari* ablöschen. Die Mischung mit Salz und Pfeffer abschmecken, großzügig auf getoasteten Roggenbrotscheiben verteilen und warm servieren.

RAHMPFIFFERLINGE MIT BÖHMISCHEN SERVIETTENKNÖDELN

Vorbereitung: 30 Minuten • Kochzeit: 30 Minuten

ZUTATEN

Für den Knödelteig:

**2 EL Leinsamenschrot • 1 mittlere Zwiebel,
fein gehackt • 50 ml Olivenöl •
1 Bund glatte Petersilie, fein gehackt •
300 g Knödelbrot oder altbackene Brötchen,
zerkleinert • 200 ml Sojamilch •
2 EL Soja- oder Dinkelmehl •
½ TL geriebene Muskatnuss • ½ TL Meersalz •
reichlich Pfeffer aus der Mühle •
2 EL vegane Butter**

Für die Rahmpfifferlinge:

**6 EL Olivenöl • 1 große Zwiebel, in Streifen
geschnitten • 800 g Pfifferlinge, sauber gebürstet •
100 ml Gemüsebrühe • 2 Knoblauchzehen,
zerdrückt • reichlich Pfeffer aus der Mühle •
Meersalz • 400 ml Soja- oder Hafersahne**

Zum Servieren:
frische Petersilie, fein gehackt

Für den Knödelteig den Leinsamenschrot mit 100 ml Wasser verrühren und die Mischung 10 Minuten stehen lassen. In der Zwischenzeit die Zwiebel in dem Öl anbräunen. Aus der Pfanne nehmen und in eine Schüssel geben. 2 EL Petersilie beiseitestellen. Die restliche Petersilie, das Leinsamenwasser und die restlichen Zutaten für die Knödel zu den Zwiebeln geben und alles gründlich zu einer weichen, gut formbaren Masse verkneten. Anschließend 20 Minuten quellen lassen.

Die Masse zu einer etwa 20 cm langen Rolle formen. Eine Leinenserviette innen mit Butter bestreichen und die Knödelteigrolle eng darin einwickeln. Die Enden wie bei einem Bonbon zubinden. Die Knödelpakete in kochendem Salzwasser 30 Minuten garen.

In der Zwischenzeit für die Rahmpfifferlinge das Öl in einer Pfanne erhitzen und darin die Zwiebel schön braun anbraten. Die Pfifferlinge dazugeben und 5 Minuten mitbraten. Mit der Gemüsebrühe ablöschen, den Knoblauch dazugeben und alles mit Pfeffer und Salz kräftig abschmecken. Die Soja- oder Hafersahne unterrühren und alles 10 Minuten bei mittlerer Temperatur köcheln lassen, bis die Sauce eindickt.

Die Knödelrolle abschrecken, dann den Knödel vorsichtig aus dem Tuch schälen. In acht Scheiben schneiden und diese auf heißen Tellern anrichten. Mit den Pilzen bedecken und mit Petersilie bestreuen.

RUMÄNISCHE KOHLROULADEN ✊ ✊

In ihrer Heimat Rumänien heißen diese herzhaften Päckchen SARMALE und werden bei Festen bergeweise verspeist. Jede Region – und jede Hausfrau – hat ihr eigenes Rezept. Als Ersatz für die sauren eingelegten Kohlblätter eignet sich frischer Spitzkohl sehr gut. Steinpilze – ersatzweise auch Shiitake oder Pfifferlinge – geben den Rouladen das herzhafte Aroma.

Vorbereitung: 40 Minuten • Kochzeit: 1 Stunde

ZUTATEN

10–12 Blätter eingelegter Weißkohl
  (aus dem orientalischen Lebensmittelladen)
  oder 1 mittelgroßer Kopf Spitzkohl
120 ml Sonnenblumenöl
2 Zwiebeln, fein gehackt
100 g Rundkornreis
500 g Steinpilze, fein gehackt
2 EL getrocknetes Steinpilzpulver
  oder 2 EL dunkle *miso* (dann nicht sojafrei)
1 EL Paprikapulver
1 EL fein gehackte Petersilie
Pfeffer aus der Mühle
Meersalz
2 Lorbeerblätter
2 EL Tomatenmark
600 g Frühkartoffeln
4 EL Reissahne

Die eingelegten Weißkohlblätter abspülen und gut abtropfen lassen. Alternativ den Strunk aus einem frischen Spitzkohl herausschneiden. Die Blätter vorsichtig lösen, von den harten Stielen befreien und 15 Minuten in Salzwasser weich kochen. Gut abtropfen lassen.

Das Öl in einer Pfanne erhitzen und darin die Zwiebeln, den Reis und die Pilze 5–10 Minuten sanft anbraten. Das Steinpilzpulver oder die *miso*, das Paprikapulver und die Petersilie untermischen und alles mit Pfeffer und Salz kräftig abschmecken. Vom Herd nehmen.

Die Kohlblätter auf die Arbeitsfläche legen. Jeweils auf das untere Drittel ein Achtel der Füllung setzen, das Blatt von unten über die Füllung klappen, die Seiten nach innen einschlagen und dann die Füllung locker von unten nach oben einrollen. Einen großen Topf mit den restlichen Kohlblättern auslegen und die Rouladen in den Topf schichten. Die Lorbeerblätter und das Tomatenmark dazugeben. Die Rouladen gerade eben mit Wasser bedecken. Das Wasser zum Kochen bringen, dann alles 1 Stunde zugedeckt köcheln lassen. Rechtzeitig vor Ende der Garzeit die Frühkartoffeln abbürsten und weich kochen.

Die Kohlrouladen aus dem Topf heben und mit den Kartoffeln auf heißen Tellern anrichten. Etwas von der Garflüssigkeit mit einem Schuss Reissahne aufkochen, mit Pfeffer, Salz und Paprikapulver abschmecken und die Rouladen damit begießen.

SHEPHERD'S PIE ⊗

Dieser traditionelle britische Auflauf ist ideal für ein Essen mit nicht-veganen Freunden. Französische Puy-Linsen, getrocknete Pilze und eine dunkle Biersauce geben dem Sattmacher Biss und viel Geschmack.

Vorbereitung: 30 Minuten • Kochzeit: 45 Minuten

ZUTATEN

Für die Linsenschicht:

6 EL Olivenöl
1 große Zwiebel, fein gehackt
2 große Karotten, in Würfel geschnitten
2 Stangen Sellerie, in Würfel geschnitten
400 g Puy- oder Beluga-Linsen, gewaschen
500 ml dunkles Bier
3 Knoblauchzehen, zerdrückt
2 EL körniger Senf
2 EL Apfelessig
1 EL Agavendicksaft
1 EL fein gehackter frischer Rosmarin
1 EL fein gehackter frischer Thymian
reichlich Pfeffer aus der Mühle • Meersalz
2 EL Steinpilzpulver oder 3 EL dunkle *miso*
  (dann nicht sojafrei)
1 EL Maisstärke oder Pfeilwurzmehl

Für die Kartoffelschicht:

1,5 kg Kartoffeln
100 ml Mandelmilch
50 g vegane Butter
4 EL Hefeflocken
2 Knoblauchzehen, zerdrückt
Meersalz • reichlich Pfeffer aus der Mühle

Zum Servieren:

100 g Haselnusskerne, fein gehackt
4 EL Olivenöl

Das Öl in einem Topf erhitzen und die Zwiebel darin sanft anbraten. Die Karotten- und die Selleriewürfel sowie die Linsen dazugeben und einige Minuten mitbraten. 750 ml Wasser, das Bier, nach Belieben das Natron sowie alle anderen Zutaten außer Salz, Steinpilzpulver oder *miso* und Maisstärke untermischen. Alles 30–45 Minuten köcheln lassen, bis die Linsen weich sind. Die Mischung mit Salz und Steinpilzpulver oder *miso* abschmecken und, falls nötig, mit Maisstärke oder Pfeilwurzmehl etwas eindicken. Die Masse sollte sämig, aber nicht breiig werden.

In der Zwischenzeit die Kartoffeln schälen, würfeln und gar kochen. Den Backofen auf 180 °C vorheizen. Die Kartoffeln zerstampfen. Die Mandelmilch, die Butter, die Hefeflocken, den Knoblauch, Salz und Pfeffer dazugeben und alles kräftig zu einem lockeren Püree verschlagen.

Das Linsengemüse in eine Auflaufform oder sechs Portionsförmchen füllen und gleichmäßig verteilen. Mit Kartoffelpüree bedecken. Großzügig mit gehackten Haselnüssen bestreuen und mit Olivenöl beträufeln. Den Auflauf im vorgeheizten Backofen 20 Minuten backen, bis die Oberfläche goldbraun ist und die Linsenmischung sichtbar brodelt. Direkt aus der Auflaufform mit einem knackigen Salat servieren.

Zutatentipp: Puy- und Beluga-Linsen

Französische Puy-Linsen und Beluga-Linsen zeichnen sich durch ihren nussigen Geschmack und ihre bissfeste Konsistenz aus. Gekocht sind sie weniger mehlig als andere Linsensorten, müssen vor der Verarbeitung nicht eingeweicht werden und machen sich in Aufläufen, Salaten und Chilis richtig gut!

SEITAN STROGANOFF ⊗

SEITAN scheint wie geschaffen für diesen russischen Klassiker. Das sojafreie »Weizenfleisch« wurde vor langer Zeit von buddhistischen Mönchen in China entwickelt und ist seit den 1960er-Jahren weltweit ein fester Bestandteil der veganen Küche, wenn es mal wieder »Fleisch« sein soll! Als Begleiter zu dem cremigen Geschnetzelten eignen sich Kartoffeln, Nudeln oder Reis gleichermaßen gut.

Vorbereitung: 10 Minuten • Kochzeit: 30 Minuten

ZUTATEN

2 EL vegane Butter
**400 g braune Champignons, in feine
  Scheiben geschnitten**
4 EL Olivenöl
**4 *seitan*-Medaillons, in dünne Scheiben
  geschnitten**
1 große Zwiebel, in Streifen geschnitten
150 ml Gemüsebrühe
2 EL Steinpilzpulver
250 ml Hafersahne
Meersalz
reichlich Pfeffer aus der Mühle
**1 EL Maisstärke oder Pfeilwurzmehl
  (nach Bedarf)**
feine Schnittlauchröllchen zum Servieren

Die Butter in einer Pfanne erhitzen und darin die Champignons anbräunen. Von der Kochstelle nehmen und beiseitestellen. In einer anderen Pfanne das Olivenöl erhitzen und darin die *seitan*-Streifen kräftig anbraten. Aus der Pfanne heben und beiseitestellen. Bei Bedarf etwas Olivenöl ergänzen und in derselben Pfanne die Zwiebel sanft anbraten.

Die angebräunten Champignons mitsamt der Butter und den *seitan* zu den Zwiebeln in die Pfanne geben. Mit der Brühe aufgießen, das Steinpilzpulver unterrühren und alles sanft aufkochen lassen. Die Hafersahne einrühren und die Mischung mit Salz und Pfeffer abschmecken. Die Flüssigkeit bei Bedarf mit etwas Maisstärke oder Pfeilwurzmehl eindicken. Alles bei niedriger Temperatur etwa 10 Minuten köcheln lassen, bis die Sauce sämig ist. Mit Schnittlauchröllchen bestreuen und direkt aus der heißen Pfanne servieren!

KAISERSCHMARREN MIT ZWETSCHGENKOMPOTT

Kaiserschmarren geht nur mit Eiern? Weit gefehlt! Mineralwasser und Backpulver machen den Teig schön fluffig, Dinkelmehl gibt dem Pfannkuchen auch ohne Eier die nötige Bindung. Der berühmteste aller Mehlspeisenklassiker aus Österreich ist nicht nur als Dessert ein Gedicht, sondern wird auch gern als schnelle Abendmahlzeit gegessen. Wenn Ihnen Zwetschgen zu sauer sind: Auch Apfelmus passt wunderbar!

Vorbereitung: 10 Minuten, plus 30 Minuten
Ruhezeit • Kochzeit: 10 Minuten

ZUTATEN

Für den Teig:
2 EL Rosinen
Rum zum Einweichen (nach Belieben)
150 g Dinkelmehl
300 ml Hafermilch
30 g Rohrohrzucker
3 EL Sonnenblumenöl
1 TL Backpulver
1 TL Natron
1 Msp. Kurkuma
1 Prise Meersalz
100 ml Mineralwasser

Für das Kompott:
400 g Zwetschgen oder Pflaumen
2 TL Rohrohrzucker
½ TL Zimt
1 TL Walnussöl

Außerdem:
vegane Butter oder Sonnenblumenöl zum Braten

Die Rosinen 30 Minuten in Wasser oder, nach Belieben, Rum einweichen. Alle anderen Zutaten außer dem Mineralwasser sorgfältig verquirlen, dann den Teig 30 Minuten ruhen lassen.

Die Zwetschgen halbieren und entsteinen. In einem Topf zusammen mit dem Zucker und dem Zimt aufkochen lassen. Das Walnussöl einrühren. Von der Kochstelle nehmen und abkühlen lassen.

Die Rosinen abtropfen lassen. Das Mineralwasser und die Rosinen von Hand in den Teig einrühren. Die Butter oder das Öl in einer großen, beschichteten Pfanne erhitzen. Zur Probe einen Pfannkuchen aus 2 EL Teig braten – der erste misslingt ja gern!

Die Pfanne bei Bedarf nachfetten. Den restlichen Teig hineingeben und so lange braten, bis die Ränder braun werden. Beim Wenden den Pfannkuchen mithilfe zweier Gabeln in Stücke reißen. Wenn alle Stücke durch und goldbraun sind, auf einem Teller anrichten, großzügig mit Puderzucker bestauben und heiß mit dem Kompott genießen.

DREIERLEI BRATÄPFEL

Mit einer nahrhaften Füllung sind Bratäpfel in der kalten Jahreszeit fröhliche Abendmahlzeit, warmes Frühstück oder unwiderstehlicher Nachtisch. Zum Braten eignen sich unter vielen anderen die Sorten Boskoop, Braeburn und Elstar gut. Die Zutaten dieser drei Füllungen lassen sich nach Laune und Geschmack variieren, ergänzen und vertauschen!

Vorbereitung: 15 Minuten •
Backzeit: 20–30 Minuten, je nach Apfelgröße

ZUTATEN

4 große oder 8 kleine Äpfel

Für Zwetschgendatschi-Äpfel:

4 EL Pflaumenmus
**4 EL gemahlene Haselnüsse oder
 Haselnussmus**
2 EL Sonnenblumenkerne
½ TL Zimt
1 TL Rohrohrzucker

Für Alibaba-Äpfel:

**4 EL gemahlene Mandeln oder zerbröselte
 Marzipanmasse oder Mandelmus**
**4 EL Rosinen, 15 Minuten in Wasser
 eingeweicht und anschließend fein gehackt**
**1 TL abgeriebene Schale von
 1 unbehandelten Orange**
1 EL Agavendicksaft

Für Hildegard-Äpfel:

4–8 kleine Dinkelkekse, zerbröselt
**4 Riegel vegane Schokolade (Sorte nach
 Geschmack) oder 4 EL dunkle Schokocreme**
1 EL vegane Butter
1 Prise gemahlener Ingwer
1 Prise Meersalz

Den Backofen auf 180 °C vorheizen. Die Äpfel auf der Unterseite gerade abschneiden, damit sie gut stehen. Den Deckel oberhalb des Kerngehäuses gerade abschneiden. Die Kerngehäuse mit dem Apfelausstecher entfernen und das entstandene Loch mit einem Löffel etwas vergrößern (je größer, desto mehr Füllung passt rein!).

Sämtliche Zutaten für die jeweilige Füllung gut vermischen. Die Äpfel großzügig mit der Mischung füllen und diese fest zusammendrücken. Für ein schönes Muster die Apfelhaut mit einem spitzen Messer spiralförmig einritzen. Den Äpfeln die Deckel wieder aufsetzen und sie in eine gefettete ofenfeste Form stellen. Im vorgeheizten Backofen 20–30 Minuten backen, bis sie weich werden.

KANELBULLAR – SCHWEDISCHE ZIMTSCHNECKEN

Für den fluffig-leichten Hefeteig dieser unwiderstehlichen Zimtschnecken kommen nur Mehl, Hefe, Margarine und Hafermilch in die Schüssel. Hefeteig braucht Liebe und Geduld beim Kneten und Gehenlassen, ist aber der Mühe wert! Für KARDEMUMMABULLAR einfach den Zimt in der Füllung zur Hälfte durch gemahlenen Kardamom ersetzen. Ich backe meine Zimtschnecken gern in der Springform, um sie dann direkt am Tisch rustikal mit den Händen zu teilen, man kann sie aber auch mit ausreichend Abstand auf dem Backblech backen.

Vorbereitung: 20 Minuten, plus 1 ½ Stunden
Gehzeit • Backzeit: 20 Minuten

ZUTATEN

Für den Hefeteig:
½ Würfel frische Hefe
   oder 1 Packung Trockenhefe
300 g Weizenmehl oder Dinkelmehl (dann
   werden die Schnecken etwas »kuchenhafter«)
50 g Rohrohrzucker
75 g vegane Butter
150 ml lauwarme Hafermilch
1 Prise Meersalz
1 Msp. gemahlener Kardamom

Für die Füllung:
100 g Mandelmus (oder vegane Butter)
4 EL Agavendicksaft
1 Msp. gemahlene Vanille
2 TL gemahlener Zimt

Außerdem:
50 ml Hafermilch
8 EL Hagelzucker oder Mandelblättchen

Den Backofen auf 50 °C vorheizen, dann ausschalten. Die Hefe zusammen mit 1 EL Mehl und 1 EL Zucker in der lauwarmen Milch auflösen und die Mischung 15 Minuten an einem warmen Ort gehen lassen. Anschließend die restlichen Zutaten für den Hefeteig dazugeben und alles mit einem großen Löffel oder dem Rührgerät 10 Minuten zu einem elastischen, seidigen Teig verarbeiten. Den Teig in der Schüssel zudecken und im warmen Backofen etwa 1 Stunde gehen lassen, bis er sein Volumen etwa verdoppelt hat.

Den Teig aus dem Ofen nehmen. Den Ofen wieder auf 50 °C vorheizen und dann ausschalten. Für die Füllung das Mandelmus, den Agavendicksaft, das Vanillepulver und den Zimt miteinander verrühren. Den Teig kurz durchkneten und auf einer bemehlten Arbeitsfläche zu einem Rechteck mit etwa 25 cm Seitenlänge ausrollen. Die Zimtfüllung gleichmäßig bis an die Ränder auf der Teigplatte verstreichen, dann den Teig locker aufrollen. Die Rolle in acht bis zehn gleich dicke Scheiben schneiden und diese mit den Schnittflächen nach oben in die eingefettete Springform legen. Im warmen Ofen weitere 30 Minuten gehen lassen.

Die Springform aus dem Ofen nehmen. Den Ofen auf 175 °C aufheizen. Die Oberseite der Zimtschnecken mit Hafermilch bestreichen und mit Hagelzucker oder Mandelblättchen bestreuen. Das Gebäck im vorgeheizten Backofen 20 Minuten goldbraun backen. Den Rand der Form lösen und die Schnecken am Stück zur Selbstbedienung servieren.

Kein anderes Gericht illustriert die Einflüsse und Entwicklungsströme der Küche Nordamerikas anschaulicher als das weltberühmte, zwischen zwei Brötchenhälften gepackte Hackküchlein mit Ketchup, Senf und Mayo, der Hamburger. Gegrilltes Fleisch stand schon auf dem alltäglichen Speiseplan der amerikanischen Ureinwohner, später kamen im Zuge der europäischen Kolonisation neue Essgewohnheiten und Zutaten ins Land, darunter Brot aus Deutschland oder Senf aus Frankreich. Im 20. Jahrhundert wurden in den Vereinigten Staaten Lebensmittelproduktion und Gastronomie durch Wirtschaft und Wissenschaft industrialisiert und standardisiert, eine Entwicklung, deren Auswirkungen sicher auch zur weltweiten Verbreitung eines veganen Lebensstils beigetragen haben.

AMERIKA

Veganer Genuss von Kalifornien bis Jamaika

Die unvergleichliche Diversität der ethnischen Einflüsse – britisch, afrikanisch, spanisch, französisch und mexikanisch, um nur die wesentlichsten zu nennen – und der wachsende Wunsch nach einer gesünderen, verantwortungsbewussteren und tierfreundlicheren Esskultur haben in den USA eine moderne Fusionsküche entstehen lassen, die regionale und saisonale Zutaten mit Rezepten und Kochmethoden verschiedener Länder kombiniert. Während sich zu Beginn des vergangenen Jahrhunderts Hamburger und Hot Dogs aus Deutschland und Spaghetti und Pizza aus Italien zu amerikanischen Klassikern entwickelten, wurde die amerikanische Fusionsküche in den letzten Jahrzehnten vor allem von der asiatischen Kochkunst beeinflusst. Heute schießen in den USA vegetarische, vegane und Raw-Food-Restaurants wie Pilze aus dem Boden, »Farmer's Markets« im ganzen Land bringen Städter und Bauern einander menschlich und geografisch näher und steigern das Bewusstsein der Menschen für Hausgemachtes und Selbstgekochtes.

Diese Rezeptsammlung wurde – wie die amerikanische Küche selbst – von Vielem beeinflusst: Die Salate und die gefüllten Portobello-Pilze aß ich in Kalifornien bei wunderschönen »Potluck Dinners« mit Arbeitskollegen und Freunden, zu denen jeder Gast ein anderes Gericht mitbringt und alles gemeinsam verspeist wird – übrigens eine ganz wunderbare Idee in Zeiten voller Terminkalender, winziger Zeitfenster und unterschiedlichster Essensphilosophien! Andere Rezepte wurden inspiriert von der Raw-Food-Küche des New Yorkers Matthew Kenney und der japanischen Raw-Food-Zauberin Sayuri Tanaka, die mich gelehrt haben, wie ich aus frischem Obst, Gemüse, ein paar Nüssen und Samen im Handumdrehen köstliche, gesunde und gut bekömmliche vegane Versionen großer Klassiker zubereiten kann, darunter Burger, Chili sin Carne oder Mayonnaise. Meine *pumpkin pie* – der große Thanksgiving-Klassiker – kommt ganz ohne Tofu aus und die minutenschnell zubereitete Cashew-»Sour Cream« passt perfekt zu allen Currys, Suppen und anderen scharfen Gerichten in diesem Buch.

Aber was wäre die amerikanische Küche ohne die vielen Elemente aus dem Süden, vor allem der mexikanischen Küchentradition? *Guacamole*, der weltberühmte Avocadosalat mit viel Limettensaft, ist wahrscheinlich mein liebster Brotaufstrich. Avocados sind übrigens ein perfekter Butterersatz. Eine feurige Tomatensalsa passt ebenso gut zu Nachos wie zu den *fajitas* auf Seite 174, belebt aber auch jedes andere Gemüsegericht. Quinoa, das Wundergetreide aus Südamerika, entfaltet in dem bolivianischen Eintopf auf Seite 160 seine ganze geschmackliche Bandbreite. Das Rezept stammt von einer Fair-Trade-Initiative, die Kleinbauern aus Peru, Ecuador und Bolivien unterstützt. Beim Kauf von Quinoa sollte man übrigens immer darauf achten, dass es aus Fair-Trade-Initiativen kommt: Das weltweit steigende Interesse an dem winzigen Korn führt heute nämlich vielfach dazu, dass Bauern, für die das eiweißreiche Getreide lange Zeit die Hauptnahrung war, nun ihre komplette Ernte verkaufen, anstatt es noch selbst zu essen.

Laden Sie Freunde und Familie ein und genießen Sie diese amerikanischen Klassiker – einmal ganz gesund und vegan!

Soy Latte
available here!

wi-fi
hotspot

VEGETABLE

Pamela

eat well
laugh often
love much

RESTAURANT

PANCAKES

SANDWICHES

SALADS

MEXIKANISCHES SAUCENTRIO

Diese drei Saucen sind große Favoriten der mexikanischen Küche und passen zu viel mehr als zu Tortillachips und Nachos: Hausgemachte GUACAMOLE schmeckt großartig als Brotaufstrich, eine fruchtige Salsa peppt jeden grünen Salat auf und die »Cheddar«-Sauce harmoniert besonders gut mit Ofenkartoffeln und gedämpftem Gemüse.

GUACAMOLE ⊗ ⊗

Vorbereitung: 10 Minuten

ZUTATEN

4 sehr reife Avocados • 2 reife aromatische Tomaten • 1–2 Frühlingszwiebeln • ½ Bund Koriandergrün • 1 Knoblauchzehe, zerdrückt • Meersalz • 1 Prise Cayennepfeffer • Saft von 1 Limette

Die Avocados halbieren, entsteinen, schälen und das Fleisch mit der Gabel zerdrücken. Die Tomaten entkernen und fein würfeln. Die Frühlingszwiebeln in dünne Scheiben schneiden. Den Koriander mit Stielen fein hacken. Avocadomus, Tomatenwürfel, Frühlingszwiebeln und Knoblauch in einer Schüssel gut vermischen und alles mit Salz, Cayennepfeffer und reichlich Limettensaft abschmecken.

PFIRSICHSALSA ⊗ ⊗

Vorbereitung: 10 Minuten

ZUTATEN

3 reife, aromatische Tomaten • 1 großer, reifer gelbfleischiger Pfirsich • ½ lange rote Chilischote • ½ rote Zwiebel • ½ Bund Koriandergrün • Meersalz • Saft von 2 Limetten

»CHEDDAR«-SAUCE ⊗

Vorbereitung: 10 Minuten, plus 30 Minuten Einweichzeit

ZUTATEN

60 g Cashewkerne • ½ rote Paprikaschote • 1 EL Olivenöl • 1 EL frisch gepresster Zitronensaft • 2 TL weiße *miso* • 1 TL Hefeflocken (Nährhefe) • 1 TL Zwiebelpulver • 1 Msp. Knoblauchpulver • ½ TL Meersalz • 1 Msp. Paprikapulver • 1 Msp. Kurkuma (nach Belieben für die Farbe)

Die Cashewkerne 30 Minuten in reichlich Wasser einweichen. Die Paprikaschote von Samen und Scheidewänden befreien und klein würfeln. Die Cashewkerne in ein Sieb abgießen und zusammen mit allen anderen Zutaten und 50 ml Wasser im Mixer zu einer glatten Creme pürieren.

Die Tomaten entkernen, den Pfirsich entsteinen und beides sehr fein würfeln. Die Chilischote entkernen und sehr fein hacken (dazu Handschuhe tragen!). Die Zwiebel und den Koriander mit Stielen sehr fein hacken. Alle Zutaten in einer Schüssel gut vermischen und mit Salz und Limettensaft abschmecken.

MEXIKANISCHE AVOCADOSUPPE ⊗ ⊗

Die Avocado ist eine Wunderzutat der veganen Küche. Cremig und nahrhaft, bereichert die mexikanische Frucht Smoothies und Salate, aber auch Suppen. Die Idee mit den Tortillachips stammt aus Pati Jinichs englischsprachigem Blog »Pati's Mexican Table«, man kann aber auch allerhand anderes damit kombinieren.

Vorbereitung: 10 Minuten • Kochzeit: 5 Minuten

ZUTATEN

2 EL vegane Butter
2 große Zwiebeln, fein gehackt
1 grüne Chilischote, fein gehackt
½ Bund Koriandergrün, fein gehackt
750 ml Gemüsebrühe (siehe Seite 120)
Saft von 2 Limetten
4 große oder 5 kleine reife Avocados
500 ml Mandelmilch
2 EL gehackter frischer Dill
1 Msp. Cayennepfeffer
Pfeffer aus der Mühle
Meersalz

Zum Servieren (nach Geschmack):
1 Handvoll Tortillachips, zerbröselt
1 EL Hafersahne (dann nicht glutenfrei)
   oder kalt gepresstes Olivenöl mit
   1 TL Chiligewürz verrührt
1 EL Kürbiskerne, goldbraun geröstet
½ rote Paprikaschote, sehr fein gewürfelt
1 TL Chiligewürz

Die Butter in einem Suppentopf erhitzen und darin die Zwiebeln sanft anbräunen. Die Chilischote und den Koriander dazugeben und alles 2–3 Minuten bei niedriger Temperatur anschwitzen. Mit der Gemüsebrühe aufgießen und alles zum Kochen bringen. Den Herd ausschalten. Den Limettensaft einrühren. Die Avocados halbieren und entsteinen. Das zarte Fleisch mit einem Löffel aus der Schale lösen und in die Suppe geben. Alle anderen Zutaten untermischen und die Suppe kurz aufkochen lassen.

Die Suppe mit Pfeffer und Salz abschmecken. Vom Herd nehmen. Mit dem Stabmixer pürieren und anschließend 1–2 Minuten ruhen lassen. Warm servieren und nach Lust und Laune mit zerbröselten Tortillachips, Hafersahne, gewürztem Öl, gerösteten Kürbiskernen oder kleinen roten Paprikawürfeln anreichern.

CORN CHOWDER – DEFTIGE MAISSUPPE ⊗

Diese schnelle Suppe ist in den USA ein großer Winterklassiker. Die Zutaten hat man fast immer im Haus und das wunderbar wärmende Gericht lässt sich in weniger als einer halben Stunde zaubern. Untypisch, aber ganz köstlich ist es, die Hafersahne durch Kokosmilch zu ersetzen.

Vorbereitung: 10 Minuten • Kochzeit: 25 Minuten

ZUTATEN

6 Maiskolben (oder 400 g Mais)
2 EL Sonnenblumenöl
1 große Zwiebel, fein gehackt
2 Knoblauchzehen, durch die Presse gedrückt
2 große Kartoffeln, geschält und gewürfelt
1,2 l Gemüsebrühe (siehe Seite 120)
½ Bund Thymian, Blätter abgezupft
Pfeffer aus der Mühle
Meersalz
½ Bund glatte Petersilie, Blätter abgezupft
250 ml Hafersahne oder Kokosmilch

Die Maiskörner von den Kolben schneiden. In einem Suppentopf das Öl erhitzen und darin die Zwiebel anbräunen. Den Knoblauch, den Mais und die Kartoffelwürfel dazugeben und alles 2–3 Minuten braten. Mit der Gemüsebrühe aufgießen, die Thymianblätter und den Pfeffer einrühren und alles 15–20 Minuten kochen, bis das Gemüse weich wird.

Die Hafersahne oder Kokosmilch einrühren, die Suppe erneut aufkochen lassen und anschließend den Herd ausschalten. Die Suppe mit Salz abschmecken und dann mit dem Stabmixer pürieren. Die Petersilie dazugeben und alles noch einmal ganz kurz durchpürieren (nicht zu lang, sonst wird die Suppe grün!). Die Suppe heiß mit einem Schuss Hafersahne oder Kokosmilch servieren. Dazu passt knuspriges Bauernbrot oder ein knackiger grüner Salat.

QUINOA-KICHERERBSEN-TOPF

Quinoa wird schon seit über 7000 Jahren angebaut und ist eines der Hauptnahrungsmittel der indigenen Völker in den Hohen Anden. Dieses Rezept stammt von der südamerikanischen Fair-Trade-Initiative »Stronger Together«, die Kleinbauern aus Peru, Ecuador und Bolivien unterstützt. Zu dem herzhaften bolivianischen Eintopf schmecken Maistortillas oder Maisbrot sehr gut.

Vorbereitung: 20 Minuten • Kochzeit: 20 Minuten

ZUTATEN

500 g Tomaten
1 grüne Paprikaschote
2–3 Stangen Sellerie
2 große Zwiebeln
1 große Karotte
2 EL Sonnenblumenöl
3 Knoblauchzehen, zerdrückt
3 TL gemahlener Kreuzkümmel
1 TL Chipotle- oder Chiligewürz
1 TL gemahlener Koriander
1 Prise Cayennepfeffer
2 TL getrockneter Oregano
150 g gekochte Kichererbsen
500 ml passierte Tomaten
1 Lorbeerblatt
480 ml Gemüsebrühe
2 EL gehacktes Koriandergrün
3 EL Rotweinessig
100 g Quinoa

Die Tomaten kreuzweise einschneiden, in kochendes Wasser tauchen und enthäuten. Entkernen und grob würfeln. Die Paprikaschote halbieren und in sehr feine Streifen schneiden. Den Sellerie in feine Scheiben schneiden. Die Zwiebeln fein hacken und die Karotte fein würfeln.

Die Zwiebeln in einem Topf mit schwerem Boden im Öl sanft anbräunen. Die Selleriescheiben und die Karottenwürfel dazugeben und 10 Minuten mitbraten, bis sie weich werden. Den Knoblauch und alle Gewürze dazugeben und alles weitere 2 Minuten braten, bis die Gewürze duften. Die Kichererbsen, die Paprikastreifen, die frischen und die passierten Tomaten, das Lorbeerblatt und 200 ml von der Gemüsebrühe in den Topf geben und alles zum Kochen bringen. Den Eintopf zugedeckt bei niedriger Temperatur 15-20 Minuten köcheln lassen. Kurz vor Ende der Kochzeit den Koriander und den Essig dazugeben.

Das Quinoa unter klarem Wasser gut spülen und in der restlichen Gemüsebrühe oder 280 ml Wasser aufkochen. Bei niedriger Temperatur abgedeckt 15–20 Minuten gar kochen. Den Herd ausschalten und das Quinoa bis zum Servieren ruhen lassen.

Das Lorbeerblatt aus der Suppe entfernen. Den Eintopf auf vier tiefe Teller verteilen und zu jeder Portion 2 gehäufte EL von dem garten Quinoa dazugeben.

LEMONY KALE SALAD – GRÜNKOHLSALAT ⊗ ⊗

Auf San Franciscos »Farmer's Markets« wird Grünkohl (KALE) in großen Büscheln angeboten. Tatsächlich beinhaltet das oft verschmähte Gemüse mehr Kalzium als Milch! In der Hochburg der vegetarischen Haute Cuisine wird der Grünkohl in einer Zitronenmarinade weich massiert und als frischer Salat serviert – eine köstliche Idee, die auch mit dem bei uns geläufigeren Wirsing wunderbar gelingt.

Vorbereitung: 20 Minuten

ZUTATEN

800 g Grünkohl oder Wirsing

Für die Marinade:
Saft von 2 Zitronen
abgeriebene Schale von 1 unbehandelten
   Zitrone
2 EL kalt gepresstes Olivenöl
2 Knoblauchzehen, zerdrückt
½ TL Chiliflocken
Pfeffer aus der Mühle
Meersalz

Für das Dressing:
Fruchtfleisch von 1 reifen Avocado
Saft von 1 Zitrone
2 EL gehackter frischer Dill
1 Msp. Cayennepfeffer
Pfeffer aus der Mühle
Meersalz

Zum Servieren, je nach Saison:
2 Tomaten, entkernt und fein gewürfelt
oder
1 Karotte, in sehr feine Streifen geschnitten
100 g Sojabohnensprossen

Den Grünkohl waschen und großzügig vom Strunk und den harten Stielen befreien. Die Blätter aufeinanderschichten und mit einem großen, scharfen Messer in sehr feine (etwa 5 mm breite) Streifen schneiden. Alle Zutaten für die Marinade in einer großen Schüssel verrühren. Die Grünkohlstreifen dazugeben und mit sauberen Händen so lange in der Marinade massieren, bis sie weich sind (etwa 5 Minuten). Anschließend abgedeckt 15 Minuten ziehen lassen.

In der Zwischenzeit für das Dressing alle Zutaten sowie 100 ml Wasser mit der Gabel oder besser dem Stabmixer gründlich vermischen. Die Grünkohlstreifen abtropfen lassen, auf vier Teller verteilen, jeweils mit etwas Dressing beträufeln und mit Tomatenwürfeln oder Karottenstreifen und Sojabohnensprossen anrichten.

QUINOASALAT MIT CRANBERRYS UND MANDELN ⊗ ⊗

Vorbereitung: 15 Minuten •
Kochzeit: 15–20 Minuten für das Quinoa

ZUTATEN

300 g rotes Quinoa • 600 ml Wasser oder
Gemüsebrühe (siehe Seite 120) • 1 reife Avocado •
1 Salatgurke • 2 reife Tomaten •
80 g getrocknete Cranberrys • Frühlingszwiebeln •
4 EL kalt gepresstes Olivenöl •
2 EL Rotweinessig • 1 EL Dijonsenf •
Saft von ½ Orange (nach Belieben) •
1 EL Agavendicksaft • Pfeffer aus der Mühle •
Meersalz • 50–75 g Mandelblättchen •
½ Bund Koriandergrün, Blätter abgezupft

Das Quinoa in dem Wasser oder der Gemüsebrühe aufkochen und 15–20 Minuten im geschlossenen Topf quellen lassen. Abkühlen lassen. Die Avocado halbieren, entsteinen, schälen und in Scheiben schneiden. Die Salatgurke so schälen, dass sich jeweils ein geschälter und ein ungeschälter Streifen abwechseln. Die Gurke der Länge nach halbieren und in feine Halbkreise schneiden. Die Tomaten entkernen und fein würfeln. Die Frühlingszwiebeln in dünne Ringe schneiden.

In einer Salatschüssel das Olivenöl, den Essig, den Senf, nach Belieben den Orangensaft, den Agavendicksaft, Pfeffer und Salz zu einem glatten Dressing verrühren. Das Quinoa untermischen und das Ganze einige Minuten ziehen lassen. Mandelblättchen in einer kleinen Pfanne ohne Fett goldbraun rösten. Die Avocado, die Gurke, die Tomaten, die Cranberrys und die Frühlingszwiebeln zum Quinoa geben und vorsichtig unterheben. Mit Korianderblättern und Mandelblättchen bestreuen und servieren.

COLESLAW MIT WALNÜSSEN ⊗ ⊗

Vorbereitung: 25 Minuten

ZUTATEN

400 g Spitz-, Rot- oder Chinakohl •
1 große Karotte • 5–6 Radieschen • Meersalz •
1 TL Kümmelsamen • 80 ml kalt gepresstes
fruchtiges Olivenöl • 50 ml Reissahne •
2 EL Apfelessig • 2 Knoblauchzehen, zerdrückt •
1 EL Dijonsenf • Pfeffer aus der Mühle •
80 g Walnusskerne

Den Kohl vom Strunk befreien und den Rest in sehr feine Streifen schneiden oder hobeln. Die Karotte in feine Stifte schneiden. Die Radieschen halbieren und in feine Scheiben schneiden. Den Kohl in eine große Schüssel geben und mit 2–3 EL Salz kräftig durchmassieren, bis er weich ist.

Die Kümmelsamen im Mörser grob zerstoßen und in einer Pfanne ohne Fett rösten, bis sie duften. In einer Schüssel das Öl, die Reissahne, den Essig, den Knoblauch, den Senf, Pfeffer und Salz mit dem Stabmixer zu einer glatten Mayonnaise verarbeiten.

Die Walnusskerne in der Pfanne ohne Fett bei niedriger Temperatur goldbraun rösten. Den Kohl unter Wasser abspülen, in ein sauberes Geschirrtuch wickeln und sorgfältig ausdrücken. Den Kohl, die Karottenstifte, die Radieschen und die Kümmelsamen in einer großen Schüssel gut mit dem Dressing vermischen und zum Servieren mit den Walnusskernen bestreuen.

GEFÜLLTE PORTOBELLO-PILZE ⊗ ⊗

Portobello-Pilze sind ausgereifte weiße Champignons oder braune Egerlinge mit bis zu 12 cm Hutdurchmesser – wie geschaffen dafür, gefüllt zu werden. In diesem Rezept aus Kalifornien werden die Riesenchampignons in einer Balsamico-Marinade gebacken und mit cremiger Spinat-Polenta gefüllt.

Vorbereitung: 10 Minuten • Kochzeit: 30 Minuten

ZUTATEN

4 Portobello-Pilze oder 8 große Champignons,
   plus 200 g Champignons für die Füllung
4 EL Balsamicoessig
4 EL Olivenöl
Pfeffer aus der Mühle
Meersalz
1 mittelgroße Zwiebel, fein gehackt
200 g Babyspinat
125 g Polenta
500 ml Gemüsebrühe
Saft von 1 Zitrone
50–100 ml Hafersahne (dann nicht glutenfrei)
   oder kalt gepresstes Nussöl (nach Belieben)
1 Handvoll Haselnüsse, grob gemörsert

Den Backofen auf 160 °C vorheizen. Die Pilze sauber abbürsten. Die Kappen außen mit einer Mischung aus dem Balsamicoessig und 2 EL Olivenöl einpinseln, innen pfeffern und salzen. Mit der Oberseite nach oben in eine Auflaufform setzen und im vorgeheizten Backofen auf mittlerer Schiene 10 Minuten backen.

In der Zwischenzeit für die Polenta die restlichen 2 EL Öl in einem schweren Topf erhitzen und darin die Zwiebel sanft anbräunen. Den Spinat dazugeben und kurz anschwitzen, bis er zusammenfällt. Die Gemüsebrühe und den Zitronensaft angießen und die Mischung zum Kochen bringen, dann mit dem Schneebesen die Polenta einrühren. Unter Rühren mit einem Holzlöffel 10 Minuten bei niedriger Temperatur quellen lassen, bis sich die Masse vom Topfrand löst. Vom Herd nehmen und weitere 10–15 Minuten quellen lassen. Nach Belieben mit Hafersahne oder Nussöl verfeinern und großzügig mit Pfeffer und Salz abschmecken.

Die gebackenen Pilze aus dem Ofen nehmen. Die Kappen mit Polenta füllen und mit dem Haselnussbruch bestreuen. Etwa 10 Minuten im Backofen braten, bis die Polenta sich verfestigt. Dazu schmeckt ein knackiger grüner Salat ausgezeichnet.

ROTE-BETE-BURGER ⊗ ⊗

Vorbereitung: 30 Minuten, plus 30 Minuten
Ruhezeit • Kochzeit: 20 Minuten

ZUTATEN

**4 EL Olivenöl • 1 mittelgroße rote Zwiebel,
fein gehackt • 3 Knoblauchzehen, zerdrückt •
200 g Rote Bete, geschält und fein gerieben •
80 g Sonnenblumenkerne • 1 EL Steinpilzpulver
oder 3 EL *tamari* (japanische Sojasauce, dann
nicht sojafrei) • 2 EL scharfer Senf •
1 EL *pimentón de la vera* (geräuchertes Paprikapulver) oder scharfes Paprikapulver •
1 TL gemahlener Kreuzkümmel •
2 EL gehackter frischer Oregano • 1 TL Meersalz •
Pfeffer aus der Mühle • 75 g Polenta •
75 g feine Hirseflocken • 3 EL Leinsamenschrot •
2 Reiswaffeln, fein zerbröselt •
240 g gegarte Kidneybohnen, zerdrückt •
50 g Kichererbsenmehl zum Panieren •
reichlich Olivenöl zum Braten**

Das Olivenöl in einem schweren Topf erhitzen und darin die Zwiebel anbräunen. Den Knoblauch, die Rote Bete, die Sonnenblumenkerne, das Steinpilzpulver oder die *tamari*, den Senf und die Gewürze dazugeben und alles 5 Minuten braten. Mit 300 ml Wasser ablöschen. Sobald das Wasser kocht, die Polenta, die Hirseflocken und den Leinsamenschrot mit dem Schneebesen einrühren und alles bei niedriger Temperatur unter ständigem Rühren 10 Minuten quellen lassen. Vom Herd nehmen und die Reiswaffelbrösel und das Bohnenmus unterrühren. Wichtig: Anschließend die Mischung mindestens 1 Stunde vollständig abkühlen lassen!

Den Backofen auf 180 °C vorheizen. Aus der abgekühlten Masse acht Burger formen. Diese in Kichererbsenmehl oder etwas Polenta wenden und in reichlich Öl in einer beschichteten Pfanne bei mittlerer Temperatur auf jeder Seite 3–4 Minuten braten. Die vorgebratenen Burger noch 20 Minuten im Ofen durchbraten. Vor dem Verzehr 10 Minuten ruhen lassen.

ONION RINGS – FRITTIERTE ZWIEBELRINGE ⊗ ⊗

Vorbereitung: 5 Minuten • Kochzeit: 5 Minuten

ZUTATEN

**3 mittelgroße Zwiebeln, in Ringe geschnitten
3 EL Kichererbsenmehl
100 ml Sonnenblumenöl**

Die Zwiebelringe einzeln in dem Mehl wenden. In einer tiefen Pfanne das Öl erhitzen und die Zwiebelringe darin goldbraun und knusprig frittieren. Auf Küchenpapier abtropfen lassen und so bald wie möglich genießen.

Frittierte Zwiebelringe passen zu vielen Gerichten – zu Burgern, geröstetem Gemüse, Pasta, Salaten und Suppen – und sind in rund fünf Minuten fertig!

SWEET POTATO WEDGES ROT – WEISS – GELB ⊗ ⊗

Knusprige POTATO WEDGES sind für mich eine wunderbare Kindheitserinnerung. Heute brate ich am liebsten Süßkartoffel-stücke, Kürbisecken oder Frühkartoffelhälften mit Olivenöl und Kräutern.

Vorbereitung: 10 Minuten • Kochzeit: 30 Minuten

ZUTATEN

Für die *sweet potato wedges*:

1 kg Süßkartoffeln
4 EL Olivenöl
2 EL getrocknete Kräuter
  (italienisch oder der Provence)

Für etwa 250 ml Ketchup:

150 g getrocknete Tomaten, 15 Minuten in
  Wasser eingeweicht
2 kleine reife Tomaten, entkernt und gehackt
½ rote Paprikaschote, fein gehackt
2 EL Olivenöl
2 EL Apfelessig
2 EL Agavendicksaft
1 TL Salz

Für etwa 200 ml »Mayo«:

100 ml Mandelmilch
2 EL frisch gepresster Zitronensaft
1 EL Dijonsenf
80 ml kalt gepresstes fruchtiges Olivenöl
Meersalz
Pfeffer aus der Mühle

Für etwa 100 ml Senf-*tahine*-Sauce:

3 EL Dijonsenf
3 EL *tahine* (arabische Sesampaste)
3 EL frisch gepresster Zitronensaft

Für das Ketchup alle Zutaten im Mixer oder mit dem Stabmixer zu einer glatten Masse verarbeiten (bei Verwendung eines Stab-mixers bleibt das Ketchup etwas körniger).

Für die »Mayo« alle Zutaten im Mixer oder mit dem Stabmixer zu einer gleichmäßig glatten Creme verarbeiten.

Für die Senf-*tahine*-Sauce alle Zutaten in einer kleinen Schüssel mit dem Löffel zu einer gleichmäßigen, glatten Creme verrühren.

Für die *sweet potato wedges* den Backofen auf 200 °C vorheizen. Die Süßkartoffeln in etwa 4 cm große Stücke schneiden und auf einem Backblech ausbreiten. Das Olivenöl in einer kleinen Schüssel mit den Kräutern vermischen und die Kartoffelstücke mit dem Pinsel großzügig mit der Mischung bestreichen – je mehr Öl, desto knuspriger werden die *wedges*! Im vorgeheizten Backofen auf der mittleren Schiene etwa 30 Minuten goldbraun und knusprig backen.

Die Saucen in Schüsselchen anrichten und zu den heißen *sweet potato wedges* servieren.

KARIBISCHES SÜSSKARTOFFEL-KOKOS-CURRY ⊗ ⊗

Die karibische Küche ist sehr stark von der indischen beeinflusst. Currys werden dort mit vielen Gewürzen und viel heimischem Kokos pikant zubereitet und mit Reis oder CHAPATIS serviert. Nach Belieben kann man – wie die Einheimischen dort auch – natürlich gut fertige AMCHAR-MASALA- oder Trinidad-Gewürzmischungen verwenden.

Vorbereitung: 15 Minuten • Kochzeit: 30 Minuten

ZUTATEN

1 EL Koriandersamen
1 TL Kreuzkümmelsamen
1 TL Fenchelsamen
1 TL braune Senfsamen
½ TL Bockshornkleesamen
4 Schalotten
200 g grüne Bohnen
1 große Süßkartoffel (ca. 500 g)
60 g feine Kokosraspel
4 EL Kokos- oder Sonnenblumenöl
2–3 lange rote Chilischoten, fein gehackt
2 Knoblauchzehen, zerdrückt
**400 ml Kokosmilch oder 200 ml Kokosmilch
  mit 200 ml Gemüsebrühe verdünnt**
200 g Cocktailtomaten
Saft von 1 Limette
Pfeffer aus der Mühle
Meersalz

Die Gewürze im Mörser fein zerstoßen. Die Schalotten fein hacken. Die grünen Bohnen schräg in 4–5 cm lange Stücke schneiden. Die Süßkartoffel schälen und in 2 cm große Würfel schneiden. Die Hälfte der Kokosraspel in einer kleinen Pfanne ohne Fett goldbraun rösten. Beiseitestellen.

In einer großen Pfanne das Öl erhitzen und darin die Gewürze bei mittlerer Temperatur anrösten, bis sie duften. Die Schalotten und die Chilischoten dazugeben und leicht anbräunen. Den Knoblauch untermischen und alles weitere 30 Sekunden vorsichtig braten. Nicht zu lange und zu stark erhitzen, weil die Zutaten sonst bitter werden. Die Kartoffelwürfel und die Bohnen dazugeben. Die Mischung mit der Kokosmilch oder Kokosmilchmischung ablöschen, die restlichen Kokosraspel einrühren und alles 20–30 Minuten bei niedriger Temperatur köcheln lassen, bis die Kartoffel fast zerfällt und die Sauce schön sämig ist.

Die Cocktailtomaten halbieren und zusammen mit dem Limettensaft zu dem Curry geben. Das Gericht mit Pfeffer und Salz abschmecken und weitere 5 Minuten köcheln lassen, bis die Tomaten weich sind. Mit den gerösteten Kokosraspeln bestreuen und mit *chapatis* (siehe Seite 26) oder Reis heiß servieren.

FAJITAS MIT OFENGEMÜSE

FAJITA heißt in mexikanischem Spanisch »kleiner Streifen«. In der vegetarischen Tex-Mex-Küche werden für FAJITAS Gemüsestreifen mariniert und in der Pfanne gebraten oder im Ofen geröstet. Zum Servieren packt man die Streifen in geschmeidige Tortillas und verfeinert sie mit GUACAMOLE, Sour Cream und Salsa.

Vorbereitung: 40 Minuten einschließlich Marinierzeit • Kochzeit: 20 Minuten

ZUTATEN

1 große rote Zwiebel
2 EL Apfelessig
1 große Tomate, reif, aber noch fest
1 große grüne Paprikaschote
1 große rote Paprikaschote
3 große, milde rote Chilischoten
4–6 große Champignons
4–6 Knoblauchzehen
100 ml Olivenöl
Saft von 1 Limette
2 TL getrockneter Oregano
2 TL gemahlener Kreuzkümmel
2 EL Chipotle-Chilipulver oder Chiligewürz
½ Bund Koriandergrün, mit Stielen fein gehackt
Pfeffer aus der Mühle • Meersalz

Zum Servieren:
8 Vollkornweizen-Tortillas
guacamole (siehe Seite 154)
»Cheddar«-Sauce (siehe Seite 154)
Cashew-»Sour Cream« (siehe Seite 176)

Die Zwiebel halbieren und die Hälften in feine Scheiben schneiden. Den Apfelessig mit etwas Wasser verrühren und die Zwiebelscheiben darin 20 Minuten ziehen lassen, um die Schärfe etwas abzumildern. Die Tomate halbieren und entkernen, die Paprika- und die Chilischoten halbieren, von Samen und Scheidewänden befreien und in feine Streifen schneiden. Die Pilze abbürsten. Die Knoblauchzehen schälen und in Scheiben schneiden.

Den Backofen auf 180 °C vorheizen. Die Zwiebeln in ein Sieb abgießen und zusammen mit dem restlichen Gemüse in eine Schüssel geben. In einer kleinen Schüssel das Olivenöl, den Limettensaft, den Oregano, den Kreuzkümmel, das Chilipulver, den Koriander, Pfeffer und Salz miteinander verrühren. Das Gemüse mit der Mischung übergießen und 15 Minuten ziehen lassen.

Anschließend das Gemüse aus der Marinade nehmen, auf einem Backblech verteilen und im vorgeheizten Backofen auf der oberen Schiene 20 Minuten goldbraun braten. Die Tortillas in einer Pfanne ohne Fett von jeder Seite 1–2 Minuten erwärmen, dann in ein Tuch wickeln.

Die *guacamole*, die »Cheddar«-Sauce und die »Sour Cream« in Servierschüsselchen füllen und zusammen mit den warmen Tortillas und der Gemüsemischung auf den Tisch stellen. Jeder Gast stellt sich seine *fajita* nun selbst nach Geschmack zusammen, indem er das geröstete Gemüse in eine weiche Tortilla füllt und mit den Saucen kombiniert. Zu *fajitas* schmeckt ein knackiger grüner Salat sehr gut.

CHILI SIN CARNE MIT CASHEW-»SOUR CREAM« ⊗

Chili sin Carne – Chili ohne Fleisch – gewann mit der vegetarischen Bewegung der 1960er- und 1970er-Jahre in den USA schnell weltweit an Beliebtheit. Meist wird das Fleisch dabei durch Tofu oder Sojaeiweiß ersetzt. In diesem Rezept verzichte ich allerdings auf Sojaprodukte und nehme marinierte Walnüsse als »Fleischersatz«.

Vorbereitung: 20 Minuten, plus Einweichzeit •
Kochzeit: 40 Minuten, plus 1 Stunde für die Bohnen

ZUTATEN

Für das Chili:

**200 g getrocknete Adzuki- oder Kidneybohnen •
100 g Walnüsse oder 200 g Champignons •
3–4 EL *tamari* (japanische Sojasauce) •
1 Bund Koriandergrün • 1 große Zwiebel •
2 rote Paprikaschoten • 1 mittelgroße Karotte •
2 Stangen Sellerie mit Grün •
2 lange rote Chilischoten, fein gehackt •
4 EL Kokos- oder Sonnenblumenöl •
2 TL gemahlener Kreuzkümmel •
3–4 Knoblauchzehen, zerdrückt •
1 Msp. Cayennepfeffer • 1 TL Paprikapulver •
1 EL getrockneter Oregano •
200 g Tomaten, enthäutet, entkernt
und gewürfelt • 400 ml passierte Tomaten •
200 ml Gemüsebrühe • Pfeffer aus der Mühle •
Meersalz • 2 EL Kakaopulver •
100 ml trockener Rotwein oder Balsamicoessig**

Für die Cashew-»Sour Cream«:

**80 g ungesalzene Cashewkerne •
1 EL frisch gepresster Zitronensaft •
2 EL kalt gepresstes Olivenöl •
1 TL Apfelessig • ½ TL Meersalz**

Zum Servieren:

2 unbehandelte Limetten, in Spalten geschnitten

Für das Chili die Bohnen über Nacht einweichen. Anschließend ohne Salz 45–60 Minuten in kochendem Wasser garen. In ein Sieb abgießen. Die Walnüsse grob hacken. 3–4 EL *tamari* mit Wasser verrühren und die Nüsse 30 Minuten darin einweichen. Abgießen.

In der Zwischenzeit für die Cashew-»Sour Cream« die Cashewkerne mindestens 30 Minuten in reichlich Wasser einweichen. In ein Sieb abgießen, gut abspülen und mit allen anderen Zutaten sowie 50 ml Wasser im Mixer zu einer gleichmäßig glatten Creme pürieren. Nach Belieben noch etwas Wasser einarbeiten.

Eine Handvoll Blätter von dem Koriander abzupfen und beiseitestellen, den Rest mit Stielen fein hacken. Die Zwiebel, die Paprikaschoten, die Karotte und den Sellerie fein, die Chilischoten sehr fein würfeln.

Das Öl in einem schweren Topf erhitzen und darin bei mittlerer Temperatur den Kreuzkümmel anrösten, bis er duftet. Die Zwiebel und die Chilischoten dazugeben und leicht anbräunen. Den Knoblauch und das Gemüse untermischen und alles weitere 2–3 Minuten braten. Die Bohnen und die Walnüsse, die Tomatenwürfel, die passierten Tomaten und die Gemüsebrühe dazugeben. Die Mischung 30 Minuten bei niedriger Temperatur köcheln lassen, bis das Gemüse weich ist.

Das Kakaopulver einrühren. Den Rotwein oder Essig und den Koriander hinzufügen, alles mit Pfeffer und Salz abschmecken und weitere 5 Minuten köcheln lassen. Vom Herd nehmen und 5 Minuten abkühlen lassen. Auf vier Portionsschüsseln verteilen, jeweils mit Limettenspalten, 1–2 EL »Sour Cream« und Korianderblättern anrichten und mit Reis oder Maisbrot servieren.

PUMPKIN PIE – AMERIKANISCHER KÜRBISKUCHEN

Kürbiskuchen wird in den USA traditionell an Thanksgiving und Weihnachten sowie neuerdings zu Halloween als Nachspeise serviert. Wie österreichische Mehlspeisen schmeckt er aber auch als süßes Hauptgericht. Für eine herzhafte Version der PUMPKIN PIE einfach den Zucker weglassen und die Gewürze nach Geschmack durch Thymian, Rosmarin und Muskatnuss ersetzen. Die Kokoscreme verfestigt sich beim Auskühlen und lässt die Füllung stocken.

Vorbereitung: 30 Minuten, plus mindestens
4 Stunden Ruhezeit • Backzeit: 70 Minuten
Hilfsmittel: 1 Tarte- oder Springform (24 cm Ø)

ZUTATEN

Für die Füllung:

**1 mittelgroßer Hokkaido- oder Butternut-Kürbis
(1,5 kg) • 80 ml Kokoscreme (nicht Kokosmilch!)
oder Fleisch einer großen Avocado •
3 EL vegane Butter •
3 EL Maisstärke oder Pfeilwurzmehl •
60 ml Ahornsirup • Saft von ½ Zitrone •
2 TL gemahlener Zimt •
2 TL gemahlener Ingwer •
1 TL Vanillepulver • 1 TL Meersalz •
½ TL frisch geriebene Muskatnuss •
1 Msp. gemahlene Gewürznelke •**

Für den Teig:

**220 g Vollkorn-Dinkelmehl •
30 g Kokosblüten- oder Rohrohrzucker •
1 EL Leinsamenschrot •
1 TL gemahlener Zimt •
½ TL Meersalz • 110 g kalte vegane Butter,
in kleine Stücke geschnitten •
3–4 EL kalte Mandelmilch •
80 g Haselnüsse, grob gemahlen, oder vegane
Ingwerkekse**

Den Backofen auf 180 °C vorheizen. Butternut-Kürbis schälen, Hokkaido-Kürbis kann ungeschält verwendet werden. Den Kürbis entkernen, in große Stücke schneiden und 20 Minuten im Backofen weich garen. Im Mixer oder mit dem Stabmixer pürieren. Dann 550 g Kürbispüree abmessen.

In der Zwischenzeit für den Teig das Mehl, den Zucker, den Leinsamenschrot, den Zimt und das Salz vermischen und alles mit der Butter zu einem krümeligen Teig verkneten. So viel Mandelmilch einarbeiten, dass sich der Teig gut formen lässt. Drei Viertel des Teigs zu einem Kreis von etwa 28 cm Durchmesser ausrollen und diesen in die gefettete Form drücken. Den restlichen Teig in Frischhaltefolie gewickelt beiseitelegen. Den Teigboden mehrmals mit einer Gabel einstechen, dann im Ofen 15 Minuten vorbacken. Herausnehmen und die Haselnussstücke oder Ingwerkeksbrösel auf dem Teigboden verteilen.

Das Kürbispüree bei niedriger Temperatur erwärmen. In einem kleinen Topf die Kokoscreme und die Butter schmelzen, aber nicht braun werden lassen. Die Mischung zu dem Kürbispüree geben. Die Maisstärke in dem Ahornsirup auflösen. Die Mischung mit dem Kürbispüree, der Kokoscrememischung sowie allen anderen Zutaten im Mixer 2–3 Minuten zu einer glatten Masse pürieren. Diese auf dem Teigboden in der Form verteilen.

Den restlichen Teig auf einer bemehlten Arbeitsfläche ausrollen und Formen daraus ausstechen. Diese auf der Kürbismasse anordnen. Den Kuchen im Ofen 35 Minuten backen.

Abkühlen lassen und dann mindestens 4 Stunden, am besten jedoch über Nacht im Kühlschrank fest werden lassen.

BROWNIE-PRALINEN ⊗ ⊗

Das letzte Rezept dieser kulinarischen Amerikareise ist eine ganz schnelle – und dekadent üppige – Variante eines amerikanischen Gebäckklassikers, der Brownies.

Vorbereitung: 5 Minuten
Hilfsmittel: Küchenmaschine

ZUTATEN

200 g kalifornische Walnüsse
60–80 g Kakaopulver
1 Prise Meersalz
200 g Medjool-Datteln oder andere
   Soft-Datteln
3–4 EL Ahornsirup (nach Belieben)

Die Walnüsse in der Küchenmaschine sehr kurz zu einem groben Mehl zermahlen. Je feiner das Mehl, desto fester werden die Brownies. Das Kakaopulver und das Salz dazugeben und alles in kurzen Rührstößen vermischen. Die Datteln entsteinen, bereits entsteinte überprüfen. Zu der Mischung in die Küchenmaschine geben und alles kurz zu einem groben Teig verarbeiten. Nach Belieben etwas Ahornsirup dazugeben.

Die Mischung locker 2–3 cm hoch in eine kleine, eckige Backform drücken. In Quadrate schneiden und 2–3 Stunden im Kühlschrank fest werden lassen. Diese sündigen Köstlichkeiten schmecken zu einer Tasse Orangen-Zimt-Rooibostee ganz besonders köstlich!

Die Theorie der fünf Elemente bildet ebenso wie das Konzept von Yin und Yang das Fundament der chinesischen Kultur. Dort glaubt man, dass alles in unserer Welt aus den fünf Elementen Metall, Holz, Wasser, Feuer und Erde besteht. Das geht weit über das rein Physikalische hinaus: Jedes Element ist auch Ausdruck einer bestimmten Wirkung oder Energie.

Diese Weltsicht macht auch vor der Küche nicht Halt. Nehmen wir zum Beispiel eine Chilischote: Wegen ihrer roten Farbe und der brennenden Wirkung im Mund wird sie dem Element Feuer zugeordnet. Bestimmte Kochtechniken und Utensilien unterstützen die Wirkung bestimmter Elemente zusätzlich, wie beispielsweise scharfes Anbraten das Element Feuer oder ein gusseiserner Wok das Element Metall.

FERNOST & PAZIFIKREGION

Veganer Genuss im Einklang mit den Elementen

Seit Jahrtausenden gilt die chinesische Küche als höchste gastronomische Kunst. Ein Gericht wird nicht nur nach Geschmack, Konsistenz und Aussehen bewertet, wie etwa in der französischen Haute Cuisine, sondern auch danach, wie gut die vier Temperaturen (heiß, warm, kühl, kalt) und die den fünf Elementen entsprechenden fünf Geschmacksrichtungen (sauer, bitter, süß, scharf, salzig) harmonisch und im Gleichgewicht zusammenwirken. Kulturell nahm die Kochkunst seit jeher eine so wichtige Stellung ein, dass viele chinesische Kaiser als erste Amtshandlung ihren Chefkoch ernannten. Bis heute lebt die Tradition der imperialen chinesischen Küche weiter, vor allem in Beijing, in den Städten am Jangtse und in der Gegend um Schanghai.

Im kaiserlichen China wurden Fleisch und tierische Produkte eher selten konsumiert. Die Tiermast war bis in die 1970er-Jahre unbekannt und aufgrund einer in diesem Teil der Welt sehr weit verbreiteten Laktoseintoleranz kommen Milchprodukte in ostasiatischen Küchen bis heute so gut wie gar nicht zum Einsatz. Eine typische Alltagsmahlzeit bestand aus Getreide – Reis im Süden und Weizennudeln oder weiche Hefebrötchen im Norden –, grünem Gemüse sowie Erdnüssen und Sojaprodukten als zusätzlichen Eiweißlieferanten. Zum Frühstück werden in Beijing häufig die *chijimi*-Pfannkuchen auf Seite 188 oder die kleinen Küchlein aus der weit verbreiteten Yamswurzel auf Seite 198 gegessen. Unterwegs freuen sich vegane ebenso wie nicht-vegane Hungrige in ganz China auf das köstliche *mapo doufu* (siehe Seite 208), ein pikantes Tofugericht, das an jeder Straßenecke zu haben ist.

Gewürze und Kräuter wie frischer Ingwer, Knoblauch, Frühlingszwiebel, weißer Pfeffer und Sesamöl geben vielen chinesischen Gerichten ihren charakteristischen Geschmack. Typisch sind auch Szechuanpfeffer, getrocknete Pilze, Sternanis, Zimt, Fenchel, Koriander, Petersilie und Gewürznelken sowie die in China heimische Sojasauce aus fermentierten Sojabohnen und Weizen. Japan und Korea entlehnten viele Zutaten und Zubereitungsmethoden aus der chinesischen Küche. So kommen Tofu, Sojasauce und Grüner Tee nicht ursprünglich aus Japan, sondern wurden aus China dorthin gebracht. Über Jahrhunderte sozialer und politischer Veränderungen entwickelten sich in beiden Regionen jedoch die eigenständigen Esskulturen, die wir heute kennen. So ist die Küche Koreas zum Beispiel stark den landwirtschaftlichen Traditionen des Landes und der Nomadenkultur der Mandschurei verhaftet. In Korea wird entsprechend schon immer sehr viel Fleisch gegessen und *kimchi* (siehe Seite 194), eine Art sehr scharfes, rohes Sauerkraut, das wirkungsvoll die Verdauung anregt. *Kimchi* selbst zu machen, ist gar nicht so schwierig – es peppt jeden Salat und jedes Gemüsegericht auf. Das Nationalgericht Koreas dürfte jedoch *bibimbap* (siehe Seite 204) sein, eine Reisschüssel mit Gemüse und der typischen scharfen Chilisauce.

In Japan wird traditionell wenig Fleisch gegessen, dafür umso mehr Meeresprodukte. Ein Stückchen *kombu*-Alge gehört in jede Brühe und die *wakame-* und *hijiki*-Algen sind inzwischen auch bei uns problemlos erhältlich. Eine typische japanische Mahlzeit besteht aus einer *miso*-Suppe, Reis und verschiedenen saisonalen, in Brühe gegarten oder fermentierten Beilagen. *Soba*-Nudeln aus Buchweizen und *udon*-Nudeln aus Weizen sind auch sehr verbreitet. Meine Lieblingsgerichte aus Japan kommen eher aus der Kategorie »Straßenimbiss«, zum Beispiel Spinat in Sesamsauce (siehe Seite 192), kalter *soba*-Salat (siehe Seite 196) oder *chahan* (siehe Seite 210), ein schnell gebratener Gemüsereis. Traditionelle Rezepte erhielt ich von Fumi Ushio und Sayuri Tanaka, wundervollen japanischen Köchinnen aus Bali, mit denen ich viele Male kochen und essen durfte.

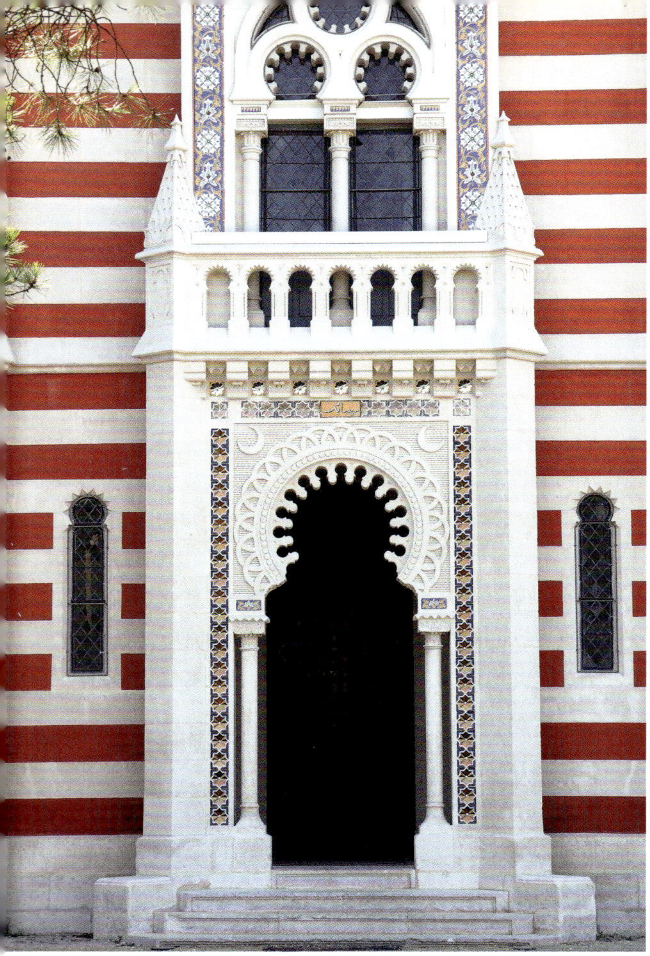

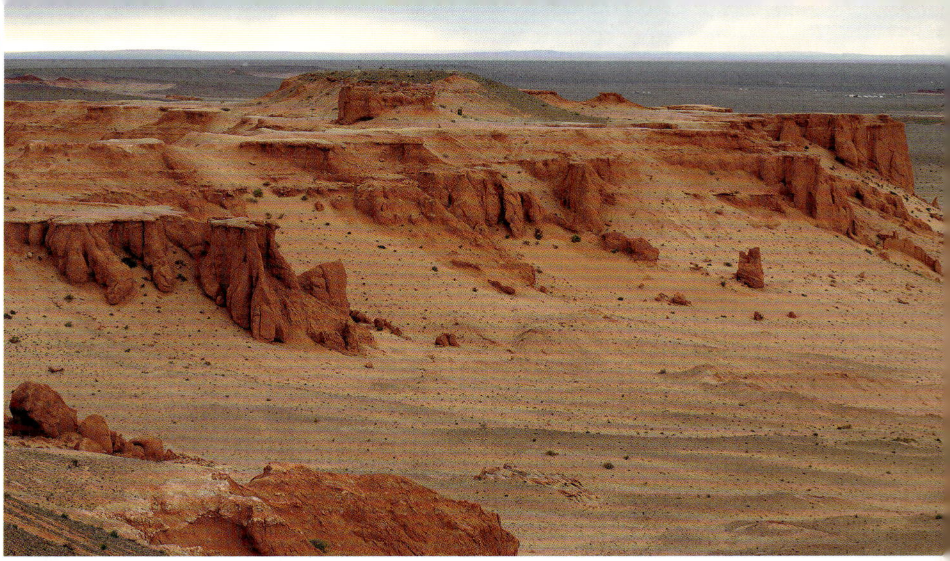

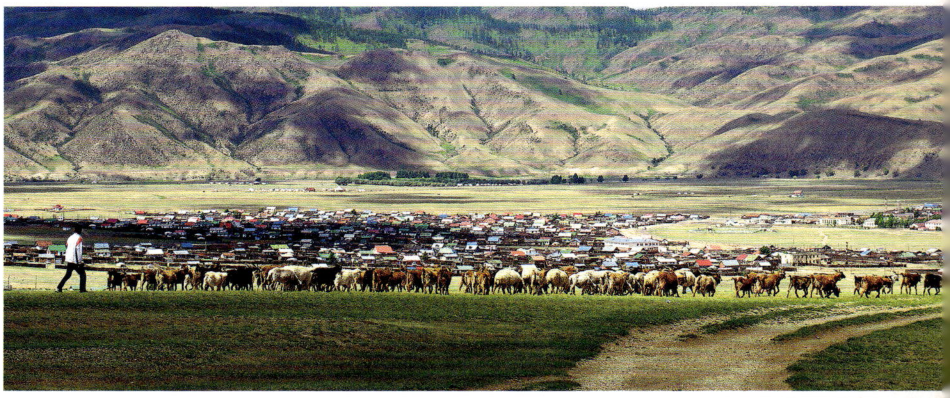

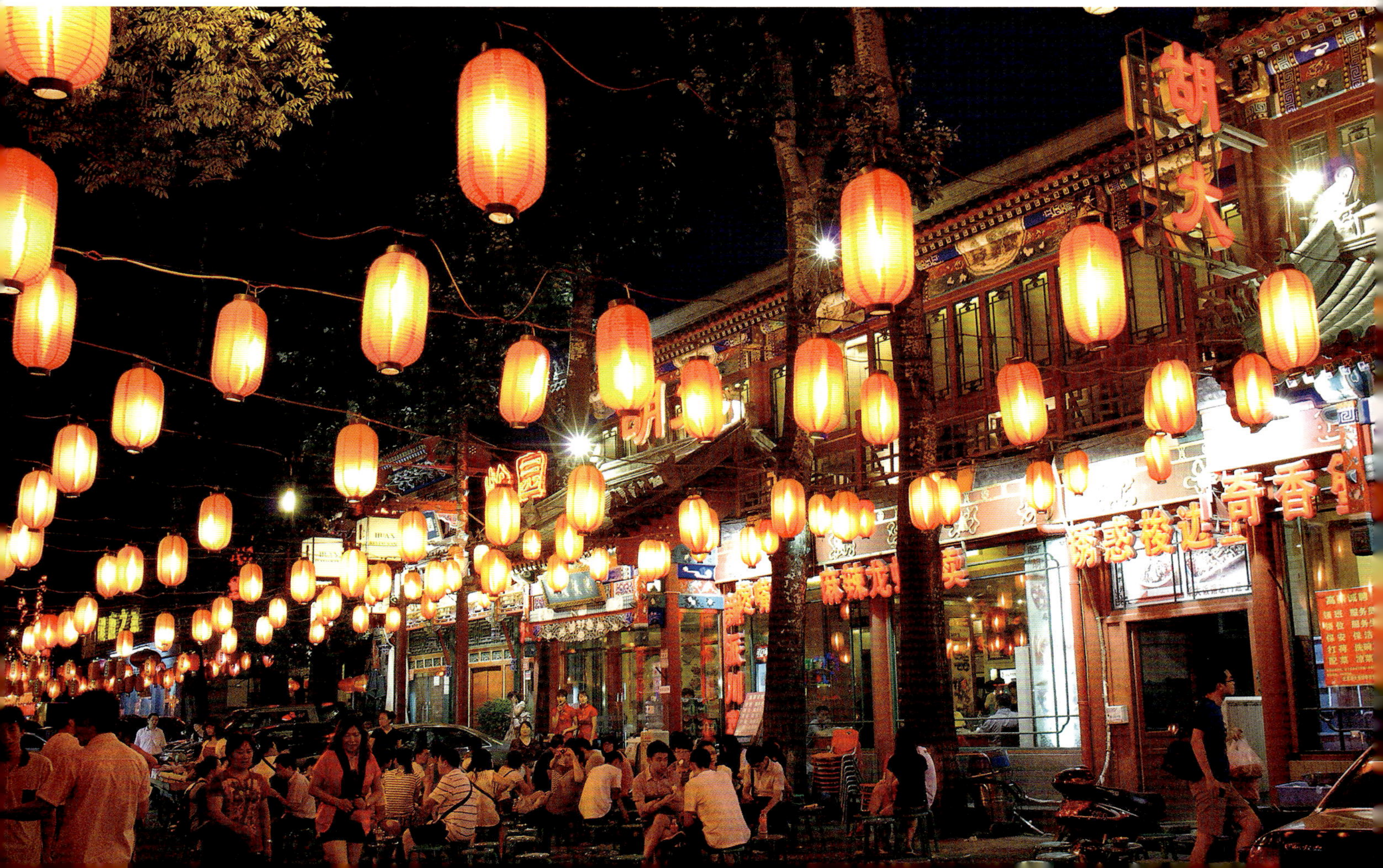
胡大
奇香

CHIJIMI – PFANNKUCHEN MIT SESAM-LIMETTEN-SAUCE

Diese Pfannkuchen mit Frühlingszwiebeln werden in ganz Ostasien zum Frühstück serviert. Ursprünglich aus Korea, sind sie heute vor allem in Japan sehr beliebt. Dort werden NIRA verwendet, eine Zwiebelart zwischen Schnittlauch, Wildem Knoblauch und Frühlingszwiebeln. Die im Bioladen erhältlichen dünnen Frühlingszwiebeln sind ihnen sehr ähnlich. Eine beschichtete Pfanne leistet bei diesem Rezept sehr gute Dienste!

Vorbereitung: 30 Minuten (einschließlich Ruhezeit) •
Kochzeit: 20 Minuten

ZUTATEN

Für die Pfannkuchen:

1 EL weiße Sesamsamen
120 g Weizenmehl (Vollkornanteil
    nach Geschmack)
2 EL Reismehl
2 EL Kartoffel- oder 1 EL Maisstärke
½ TL Meersalz
2 EL geröstetes Sesamöl
1 großes Bund dünne Frühlingszwiebeln
½ rote Paprikaschote (nach Belieben)
Sonnenblumenöl zum Braten

Für die Sauce:

4 EL *tamari* (japanische Sojasauce)
2 EL Reisessig
1 EL Agavendicksaft
1 EL geröstetes Sesamöl
1 TL Chiliflocken (nach Geschmack)
1 Schalotte, sehr fein gehackt
1 unbehandelte Limette

Den Sesam in einer kleinen Pfanne ohne Öl goldbraun rösten. Für den Pfannkuchenteig das Mehl, die Stärke, das Salz, das Sesamöl, die Sesamsamen sowie 250 ml Wasser im Mixer gründlich vermischen, dann den Teig 20–30 Minuten ruhen lassen. Die Frühlingszwiebeln der Länge nach halbieren und die Hälften in 10 cm lange Stücke schneiden. Die Paprikaschote, falls verwendet, in sehr feine Scheiben schneiden.

Für die Sauce alle Zutaten außer der Limette gut vermischen. Die Limette auspressen. Den Saft und die ausgepressten Schalen in die Sauce geben, damit die Schale ihre Öle an die Sauce abgibt.

Die Frühlingszwiebeln und die Paprikaschote zum Teig geben und untermischen. Etwas Sonnenblumenöl in einer beschichteten Pfanne erhitzen und ein Viertel des Teigs mit der Kelle hineingeben. 2–3 Minuten auf jeder Seite braten, dann auf Küchenpapier abtropfen lassen. Auf einen vorgewärmten Teller legen. Die restlichen Pfannkuchen auf die gleiche Weise zubereiten. Bei Bedarf etwas mehr Öl in die Pfanne geben.

Die Pfannkuchen in 3–4 cm große Quadrate schneiden und mit der scharfen Sauce heiß servieren.

MISO-SUPPE AUS KOMBU-SHIITAKE-DASHI ⊗

Diese japanische Suppe wird traditionell aus DASHI-Brühe und MISO-Paste (siehe Zutatentipp Seite 124) zubereitet. Alle anderen Zutaten variieren je nach Saison und persönlichem Geschmack. DASHI wird aus KOMBU-Algen (kräftiger) oder Shiitake-Pilzen hergestellt – oder aromatischer aus beidem. Der Geschmack der Suppe hängt stark von der verwendeten MISO ab. Ob hell und mild oder dunkel und kräftig, hier heißt es ausprobieren!

Vorbereitung: 15 Minuten, plus Einweichzeit für die *dashi* • Kochzeit: 15 Minuten

ZUTATEN

Alle Zutaten sind in Bioläden erhältlich.

Für die *dashi*:
4 getrocknete Shiitake-Pilze
2 Stücke getrocknete *kombu*-Alge (à ca. 10 cm)

Für die *miso*-Suppe:
200 g Karotten, in feine Stifte geschnitten
200 g Naturtofu
200 g grünes Gemüse wie Babyspinat, Zuckerschoten, Spargel oder Brokkoli, feine Frühlingszwiebeln oder Schnittlauch
100 g gekochter Reis (nach Belieben)
4 EL *miso*
1 EL getrocknete *wakame*-Algen

Für die *dashi* die getrockneten Shiitake-Pilze und *kombu*-Algen gut abbürsten (die Algen nicht waschen!) und über Nacht in 1,5 l kaltem Wasser einweichen. Anschließend die Flüssigkeit durch ein Sieb gießen und auffangen. Traditionell werden die Pilze und Algen nicht für die Suppe verwendet, die eingeweichten Shiitake-Pilze passen aber in feine Scheiben geschnitten gut in Wok-Gerichte.

Wenn es schnell gehen muss (und nur dann!), 750 ml kaltes Wasser mit den abgebürsteten *kombu*-Algen bei niedriger Temperatur zum Kochen bringen. Sobald das Wasser kocht, die Algen herausnehmen. Für die Shiitake-*dashi* die leicht abgewaschenen Pilze mit 750 ml kochendem Wasser übergießen und 10 Minuten ziehen lassen.

Für die *miso*-Suppe 1,5 l *dashi* zum Kochen bringen und die Karotten darin 10 Minuten garen. Den Tofu, das grüne Gemüse und nach Belieben den gekochten Reis dazugeben und alles weitere 2 Minuten kochen. Dann den Herd ausschalten. Sobald die Brühe nicht mehr kocht, die *miso* und die leicht süßlich schmeckenden *wakame* einrühren und alles 5 Minuten ziehen lassen. *Miso* nie aufkochen, weil sie dabei ihren Geschmack verliert! Die Frühlingszwiebeln in feine Ringe schneiden und die Suppe dekorativ damit bestreuen.

JAPANISCHE SALATE

Sushi-Freunde werden den cremigen Spinat in Sesamsauce (GOMA) schon kennen und lieben, der bunte und mineralien-reiche Gurke-WAKAME-Salat ist ein echter japanischer Beilagenklassiker.

SPINAT GOMAAE

Vorbereitung: 15 Minuten • Kochzeit: 2 Minuten

ZUTATEN

**500 g Spinat, gut gewaschen und geputzt •
2 EL schwarze Sesamsamen, geröstet (nach Belieben)**

Für die Sesamsauce:
**3 EL weiße Sesamsamen oder 2 EL *tahine* (arabische
Sesampaste) • 2 EL Agavendicksaft •
2 EL *tamari* (japanische Sojasauce) •
1 EL *mirin* (Reiswein) • 1 EL *kome su* (Reisessig)**

In einem großen Topf Salzwasser zum Kochen bringen.
In der Zwischenzeit für die Sesamsauce die weißen
Sesamsamen in einer Pfanne ohne Fett duftend rösten.
Noch warm im Mörser zerstoßen. Mit den restlichen
Zutaten zu einer glatten Paste verarbeiten.

Sobald das Salzwasser kocht, den Spinat mit den Stielen
zuerst in den Topf geben und 1 Minute blanchieren.
Dann die Blätter ins Wasser drücken und weitere
30 Sekunden garen. In ein Sieb abgießen und abschrecken. Die Spinatblätter zu einem Bündel zusammen-
fassen, ausdrücken und in etwa 5 cm lange Stücke
schneiden. In eine Schüssel geben, mit der Sesamsauce
übergießen und alles sehr gut mischen.

Den Spinat auf kleine Schälchen verteilen und nach
Belieben mit dem gerösteten schwarzen Sesam bestreuen.

GURKEN-WAKAME-SALAT

Vorbereitung: 20 Minuten, plus 2 Stunden Ruhezeit

ZUTATEN

Für den Salat:
**30 g getrocknete *wakame*-Algen (3–5 Streifen) •
1 ½ Salatgurken • 1 Karotte**

Für das Dressing:
**1 Stück frischer Ingwer (ca. 2 cm), fein gerieben •
2 EL Sesamöl • 2 EL *kome su* • 1 EL *tamari* •
1 TL Agavendicksaft • 1 Schalotte, fein gehackt •
¼ TL Chiliflocken • Meersalz • 2 EL *gomasio***

Die *wakame* 10 Minuten in warmem Wasser ziehen lassen.
Herausnehmen, flach auf ein Geschirrtuch legen und
trocken tupfen. Harte Rippen entfernen, die restlichen
Blätter stapeln, rollen und in feine Scheiben schneiden.

Die Gurken der Länge nach halbieren und entkernen.
Die Gurken und die Karotte schälen und mit einem Spar-
schäler in lange Streifen schneiden. Diese in eine Schüssel
legen, salzen und 10 Minuten ziehen lassen.

Den Ingwer mit Saft in einer Schüssel mit den flüssigen
Dressingzutaten verrühren. Die Schalotte und die Chiliflocken einrühren und alles salzen. Die *wakame*-Streifen mit
den Fingern auseinanderzupfen und dazugeben. Gurken-
und Karottenstreifen untermischen und alles 2 Stunden
kühl stellen. Vor dem Servieren das *gomasio* untermengen.

KOHL-RETTICH-KIMCHI

Ergibt 750 g *kimchi* (hält im Kühlschrank mehrere Wochen) • Vorbereitung: 20 Minuten, plus Ruhe- und Einlegezeit • Hilfsmittel: 1 luftdicht verschließbares Einmachglas (1–1,5 Liter)

ZUTATEN

250 g weißer Rettich • 1 große Karotte • 500 g Chinakohl • 1 EL Meersalz

Für das Dressing:
2 Knoblauchzehen, zerdrückt • 1 Stück frischer Ingwer (ca. 3 cm), fein gerieben • 1 EL *gochujang* (koreanische Chilipaste) oder Chiliflocken • 2 EL Reisessig

Den Rettich und die Karotte schälen und beides in sehr feine Stifte schneiden. Den Chinakohl vom Strunk befreien und quer in 1–2 cm breite Streifen schneiden. In einer Schüssel das Salz in 1 l Wasser auflösen und das geschnittene Gemüse dazugeben. Mit den Händen das Gemüse, besonders den Chinakohl, gut im Salzwasser »durchmassieren«, dann mit einem Teller so abdecken, dass es vollständig von Wasser bedeckt ist. Zusätzlich mit einem schweren Gegenstand (zum Beispiel einem vollen Tetrapak) beschweren und das Ganze dann 4–5 Stunden bei Zimmertemperatur ziehen lassen, bis das Gemüse weich ist.

Das Gemüse in ein Sieb abgießen und gut abspülen. Gründlich ausdrücken und in eine Schüssel legen. Für das Dressing alle Zutaten sowie 2 EL heißes Wasser gründlich verrühren. Über das Gemüse gießen. Gemüse und Dressing mit den Händen gut miteinander vermischen. Die Mischung in das Einmachglas füllen, fest zusammendrücken und das Glas mit einer Untertasse abdecken. Den *kimchi* lose zugedeckt 2–3 Tage bei Zimmertemperatur ziehen lassen, damit dabei entstehende Gase entweichen können. Das Glas anschließend luftdicht verschließen und im Kühlschrank lagern.

GURKEN-KIMCHI

Ergibt 750 g *kimchi* • Vorbereitung: 20 Minuten, plus Ruhe- und Einlegezeit • Hilfsmittel: 1 luftdicht verschließbares Einmachglas (1–1,5 Liter)

ZUTATEN

700 g Landgurken oder herkömmliche Salatgurken • 1 EL Meersalz • 4 Frühlingszwiebeln, in feine Ringe geschnitten • 50 g weißer Rettich, in feine Stifte geschnitten

Für das Dressing:
Zutaten wie oben; außerdem:
1 EL Agavendicksaft oder Zucker

Die Gurken so schälen, dass neben jedem geschälten Streifen jeweils ein Streifen mit Schale stehen bleibt. Die Gurke quer in 4 cm lange Stücke schneiden. Jedes Stück von einer Seite kreuzweise tief einschneiden, dabei am unteren Ende einen Steg stehen lassen. Die Gurkenstücke mit Salz einreiben und 45 Minuten ziehen lassen. Anschließend unter frischem Wasser abspülen und gut abtropfen lassen.

Für das Dressing alle Zutaten sowie 2 EL heißes Wasser in einer großen Schüssel gut verrühren. Die Gurkenstücke, die Frühlingszwiebeln und die Rettichstifte dazugeben und alles gut mit dem Dressing vermischen. 2–3 Stunden bei Zimmertemperatur ziehen lassen. In einem luftdichten Behälter hält sich Gurken-*kimchi* im Kühlschrank mehrere Wochen.

ZARU SOBA MIT NORI UND TSUYU-DRESSING ⊗

SOBA-Nudeln aus Buchweizen sind in Japan als Fastfood sehr beliebt. Als die Tokioter erkannten, dass der übermäßige Konsum von weißem Reis zu der Thiaminmangelerkrankung Beriberi führen kann, verbreiteten sich in allen Stadtteilen kleine Imbisse, in denen die thiaminreichen Buchweizennudeln angeboten wurden. ZARU SOBA wird kalt in Bambus-schälchen mit NORI-Streifen, verschiedenen Einlagen und TSUYU-Dressing serviert.

Vorbereitung: 20 Minuten • Kochzeit: 10 Minuten

ZUTATEN

250 g getrocknete oder 400 g frische *soba*-Nudeln (aus dem Asia- oder Bioladen)

Für das *tsuyu*-Dressing:
3 EL *mirin* (Reiswein)
3 EL *kome su* (Reisessig)
100 ml *dashi* (siehe Seite 190, nach Belieben)
3 EL *tamari* (japanische Sojasauce)
1 EL Agavendicksaft
2 EL geröstetes Sesamöl

Für die Einlage (nach Geschmack):
1–2 EL weiße Sesamsamen
1–2 Blätter *nori*-Algen
2 Frühlingszwiebeln
100 g Okra
50 g weißer Rettich
100 g *edamame* (frische grüne Sojabohnen, aus dem Asialaden)
50 g Alfalfasprossen
2 TL *wasabi* (japanische Meerrettichpaste)

Die *soba*-Nudeln nach Packungsanweisung al dente kochen. Abschrecken und gut abtropfen lassen.

Für das Dressing alle Zutaten gut verrühren. Die Mischung beiseitestellen.

Nach Belieben die Einlage vorbereiten und in kleinen Schälchen bereitstellen: Die weißen Sesamsamen in einer Pfanne ohne Fett goldbraun rösten. Die *nori*-Blätter entlang der Perforierung falten und mit der Küchenschere in sehr feine Streifen schneiden. Die Frühlingszwiebeln in feine Ringe schneiden. Die Okraschoten 5–7 Minuten dämpfen und in feine Scheibchen schneiden. Den Rettich schälen und fein raspeln. Die *edamame*-Bohnen aus der Schote befreien und 5–7 Minuten dämpfen.

Die *soba*-Nudeln auf vier Schälchen verteilen. Traditionell werden *wasabi* und Frühlingszwiebeln in das Dressing eingerührt, die Nudeln zusammen mit den gewünschten Einlagen mit Stäbchen aufgenommen und in das Dressing getunkt.

CHINESISCHE YAMS-KÜCHLEIN MIT GRÜNEM KNOBLAUCHDIP

Vorbereitung: 20 Minuten, plus 20 Minuten
Ruhezeit • Kochzeit: 10 Minuten

ZUTATEN

Für den grünen Knoblauchdip:

**3 grüne Chilischoten, sehr fein gehackt •
5 Knoblauchzehen, zerdrückt •
1 Stück frischer Ingwer (ca. 2 cm), fein gerieben •
1 EL fein gehackte Korianderblätter •
1 EL Agavendicksaft • 4 EL Reisessig • Meersalz**

Für die Yams-Küchlein:

**2 EL weiße Sesamsamen •
1 Bund frisches Koriandergrün •
100 g Shiitake-Pilze • 400 g Yamswurzel •
120 g Mehl (Vollkornanteil nach Geschmack) •
½ TL Meersalz • Sonnenblumenöl zum Braten**

Zum Servieren:

**2 EL *tamari* (japanische Sojasauce) •
Saft von 1 Limette • 2 EL frische Korianderblätter**

Für den Dip alle Zutaten in einer Schüssel mit 4 EL Wasser vermischen und die Mischung in den Kühlschrank stellen.

Für die Küchlein die Sesamsamen in einer kleinen Pfanne ohne Fett goldbraun rösten. Den Koriander mit Stielen fein hacken. Die Pilze fein hacken. 3 EL Koriander für die Sauce und zum Servieren beiseitestellen. Die Yamswurzeln schälen und in eine Schüssel fein raspeln. Das Mehl, den Koriander, die Pilze, den Sesam und das Salz dazugeben und alles zu einem Teig verarbeiten. Bei Bedarf 2–3 EL Wasser dazugeben. Die Masse 20 Minuten ziehen lassen, dann nochmals umrühren. Die Masse zu zwölf Küchlein formen und diese in einer Pfanne in reichlich Öl auf jeder Seite 3 Minuten knusprig braten.

Die Küchlein auf einem Servierteller anrichten, mit *tamari* und Limettensaft bestreichen, mit den Korianderblättern dekorieren und mit dem Dip servieren.

OKRA KOREANISCH ⊗

Vorbereitung: 10 Minuten • Kochzeit: 3 Minuten

ZUTATEN

**12 Okraschoten • 3 EL *gomasio*
oder 3 EL geröstete weiße Sesamsamen,
zu Pulver zerstoßen und mit ¼ TL Meersalz
vermischt • 1 EL geröstetes Sesamöl •
1 EL *tamari* (japanische Sojasauce) • 1 TL Reisessig • 1 TL *gochujang* (koreanische Chilipaste)
oder Chiliflocken**

Die Okraschoten schräg in je drei Stücke schneiden und 2–3 Minuten in kochendem Wasser garen, bis sie weich sind. Mit den restlichen Zutaten vermischen, 10–15 Minuten ziehen und abkühlen lassen und dann lauwarm servieren. Schmecken köstlich als Beilage oder als leichter Snack zwischendurch.

SPINAT-INGWER-WAN-TANS

WAN TANS zuzubereiten macht großen Spaß, nicht zuletzt, weil es frische und genau passend zugeschnittene WAN-TAN-Blätter tiefgekühlt in jedem Asialaden zu kaufen gibt. WAN TANS werden entweder im traditionellen Bambuskörbchen über dem Wok oder mit einem entsprechenden Topfeinsatz gedämpft und in Sojasauce getunkt verzehrt.

Vorbereitung: 40 Minuten • Kochzeit: 15 Minuten •
Hilfsmittel: 1 Dämpfkorb

ZUTATEN

20 *wan-tan*-Blätter (tiefgekühlt) •
3–4 EL *gomasio* (Sesamsalz) •
4 Romana- oder Eisbergsalatblätter

Für den Dip:
100 ml *tamari* (japanische Sojasauce) •
50 ml geröstetes Sesamöl •
50 ml *mirin* (Reiswein) • 2 EL Agavendicksaft

Für die Füllung:
1 große Süßkartoffel • 2 Schalotten, sehr fein
gehackt • 3 EL Sonnenblumenöl •
4 Knoblauchzehen, zerdrückt •
1 Stück frischer Ingwer (5 cm), fein gerieben •
200 g Shiitake-Pilze, sehr fein gehackt •
3 EL *tamari* (japanische Sojasauce) •
200 g Babyspinat, fein gehackt • 1 TL Meersalz •
1 EL Agavendicksaft • 1 TL Chiliflocken •
½ Bund Koriandergrün, mit Stielen fein gehackt

Die *wan-tan*-Blätter 20–30 Minuten auftauen lassen. Das *gomasio* in ein Schälchen geben. Die Dip-Zutaten verrühren und in einem zweiten Schälchen bereitstellen.

Die Süßkartoffel schälen, klein würfeln, gar kochen, abtropfen lassen und beiseitestellen. Die Schalotten in einer Pfanne in Sonnenblumenöl anbräunen. Den Knoblauch und den Ingwer dazugeben und heiß anbraten. Die Shiitake unterrühren und 1 Minute mitbraten. Die Mischung mit *tamari* ablöschen, den Spinat dazugeben und alles mit dem Salz, dem Agavendicksaft und den Chiliflocken würzen. Noch einige Sekunden köcheln lassen, dann vom Herd nehmen. Die Süßkartoffel mit einer Gabel zerdrücken und zusammen mit dem Koriander in die Spinatmischung einrühren.

Die *wan-tan*-Blätter auf einer trockenen Arbeitsfläche ausbreiten. Je 1 EL Füllung in die Mitte jedes Blattes setzen. Die Blätter am Rand leicht mit Wasser anfeuchten, diagonal zusammenklappen und die Ränder zusammendrücken, dann die beiden gegenüberliegenden Ecken des Dreiecks zusammenführen und zusammendrücken.

In einem Wok oder einem Topf mit Dämpfeinsatz Wasser zum Kochen bringen. Das Dämpfkörbchen mit Salatblättern auslegen. Die *wan tans* auf die Salatblätter legen und abgedeckt 3–5 Minuten dämpfen. Auf einem Teller anrichten und mit dem *gomasio* und dem Dip servieren. Vor dem Verzehr nach Belieben in die Saucen dippen.

BROKKOLIPFANNE MIT CASHEWKERNEN ⊗

Dies dürfte das schnellste Rezept der ganzen Sammlung sein! Der leuchtend grüne Brokkoli mit den aromatischen Cashewkernen war mein Lieblingsgericht auf dem Markt von Jinghong, einem Hafenstädtchen am Mekong in der chinesischen Provinz Yunnan. Dort habe ich mir das Rezept einfach abgeschaut!

Vorbereitung: 5 Minuten • Kochzeit: 10 Minuten

ZUTATEN

2 Köpfe Brokkoli
100 g ungesalzene Cashewkerne
4 EL Kokos- oder Sonnenblumenöl
4 EL *tamari* (japanische Sojasauce)
2 EL Agavendicksaft
1 Prise Chiliflocken

Den Brokkoli zu Röschen zerteilen, die dicken Strünke schälen und in dünne Scheiben schneiden. Die Cashewkerne in einer Pfanne oder einem Wok im Öl goldbraun braten, herausnehmen und beiseitestellen.

Den Brokkoli in demselben Öl 1–2 Minuten anschwitzen, bis er leuchtend grün ist. An den Pfannenrand schieben, mit *tamari* ablöschen und mit Agavendicksaft und Chiliflocken würzen. Die Mischung kurz aufkochen lassen, dann die Cashewkerne dazugeben. Den Brokkoli untermischen und alles zugedeckt weitere 3–4 Minuten garen.

BIBIMBAP – REIS MIT BUNTEM GEMÜSE UND TOFU ⊗

BIBIMBAP ist das koreanische Nationalgericht, der Name bedeutet einfach »Reisschüssel«. Buntes Gemüse wird auf rotem oder weißem Reis dekorativ angerichtet (BIBIMBAP-Schüsseln sehen immer wunderschön aus!) und mit Ei, Fleisch oder Tofu sowie KIMCHI und viel GOCHUJANG warm oder kalt serviert. Vor dem Essen wird das kleine Kunstwerk dann mit den Stäbchen wild durcheinandergemischt!

Vorbereitung: 30 Minuten •
Kochzeit: 45 Minuten (für den Reis)

ZUTATEN

250 g schwarzer Thai-Langkornreis
150 g Naturtofu
2–3 EL *tamari* (japanische Sojasauce)
2 EL Sonnenblumenöl
2 Knoblauchzehen, zerdrückt
1 Stück frischer Ingwer (ca. 3 cm),
   fein gerieben
200 g Shiitake-Pilze
200 g weißer Rettich
1 große Karotte
150 g Babyspinat
1 mittelgroße Zucchini
100 g Sojabohnensprossen
120 g *kimchi* (scharf-sauer eingelegter
   Chinakohl, siehe Seite 194, oder
   fertig gekauft)
4 TL *gochujang* (koreanische Chilipaste)
   oder Chiliflocken

Den Reis nach Packungsanweisung kochen.

Den Tofu in 2–3 cm große Würfel schneiden, in der *tamari* schwenken und dann im Sonnenblumenöl goldbraun braten. Herausnehmen und auf Küchenpapier abtropfen lassen. In derselben Pfanne den Knoblauch und den Ingwer anbräunen. Die Pilze dazugeben und alles 2–3 Minuten weich dünsten.

Den Rettich und die Karotte in sehr feine Stifte schneiden und nach Geschmack knackig roh verarbeiten oder 2 Minuten weich dämpfen. Den Spinat in einer Schüssel mit etwas *tamari* durchkneten. Die Zucchini in sehr feine Scheiben schneiden.

Den Reis auf vier Schüsseln verteilen. Das klein geschnittene Gemüse, die Sojabohnensprossen, den Tofu und das *kimchi* nun farblich ansprechend auf dem Reis anrichten, 1 TL *gochujang* in die Mitte setzen und das Gericht servieren. Dann darf nach Herzenslust gemischt werden!

TERIYAKI-TOFUSTEAK MIT GESCHMORTEM KÜRBIS ⊗

TERIYAKI ist eine japanische Zubereitungstechnik, bei der das Essen gegrillt oder gebraten und dabei mit einer Marinade aus Sojasauce, Reiswein und Zucker bestrichen wird. Für dieses Gericht sollte man einen hochwertigen Bio-Naturtofu verwenden, besonders köstlich schmeckt in dieser Form die »Terrine« mit Gemüse.

Vorbereitung: 30 Minuten • Kochzeit: 20 Minuten

ZUTATEN

Für die *teriyaki*-Tofusteaks:

2 Stücke Naturtofu »Terrine« à 250 g, halbiert
150 ml *dashi* (siehe Seite 190)
4 EL *tamari* (japanische Sojasauce)
4 EL *mirin* (Reiswein)
2 EL Agavendicksaft
1 Stück frischer Ingwer (3–4 cm), fein gerieben
2 Knoblauchzehen, zerdrückt

Für den geschmorten Kürbis:

400 g Hokkaido-Kürbis
500 ml *dashi* (siehe Seite 190)
4 EL *tamari*
2 EL *mirin*
1 EL *sake*
1 EL Agavendicksaft
2–3 EL Sonnenblumenöl zum Braten

Zum Servieren:
1 EL schwarze Sesamsamen

Für die *teriyaki*-Tofusteaks die *dashi*, die *tamari*, den *mirin*, den Agavendicksaft, den Ingwer und den Knoblauch in einer Schüssel verrühren. Die Tofusteaks hineinlegen und sorgfältig mit der Marinade bedecken. 15–30 Minuten im Kühlschrank marinieren.

In der Zwischenzeit den Kürbis aufschneiden, entkernen und in 4 cm große Stücke schneiden. Die Kürbisstücke mit den restlichen Zutaten in einen kleinen Topf geben, alles zum Kochen bringen und mit geschlossenem Deckel 15 Minuten bei niedriger Temperatur garen lassen. Die schwarzen Sesamsamen in einer kleinen Pfanne ohne Fett rösten, bis sie duften. Beiseitestellen.

In einer beschichteten Pfanne das Öl erhitzen und die Tofustücke darin bei mittlerer Temperatur auf beiden Seiten goldbraun braten. Die Marinade dazugießen und bei hoher Temperatur einkochen lassen. Den Kürbistopf öffnen und die Flüssigkeit bei hoher Temperatur verdampfen lassen. Die Tofusteaks und den Kürbis auf Serviertellern anrichten, mit der Marinade beträufeln und mit dem gerösteten Sesam bestreuen.

MAPO DOUFU – PIKANTER TOFU ✕

Selbst hart gesottene Tofu-Skeptiker lieben dieses Gericht! Der Klassiker wird auf allen Märkten Nordchinas angeboten und begeistert chinesische Kinder ebenso wie vegane China-Reisende. In diesem Rezept aus Beijing wird der würzige Tofu mit Aubergine kombiniert, die die Sauce schön sämig macht, häufig wird sie aber auch durch andere Gemüsesorten ersetzt oder einfach weggelassen.

Vorbereitung: 20 Minuten, plus 20 Minuten Ruhezeit für die Aubergine • Kochzeit: 5–7 Minuten

ZUTATEN

200 g Bio-Naturtofu, feste Qualität
1 EL *miso*
2 EL *mirin* **(Reiswein)**
2 EL *tamari* **(japanische Sojasauce)**
1 EL Agavendicksaft
1 kleine Aubergine, fein gewürfelt
Meersalz
2–3 EL Sonnenblumenöl
1 Schalotte, sehr fein gehackt
3 Knoblauchzehen, zerdrückt
1 Stück frischer Ingwer (ca. 3 cm),
   fein gerieben
2 rote Chilischoten (Größe und Schärfe
   nach Geschmack), sehr fein gehackt
½ Bund Schnittlauch, in Röllchen geschnitten

Den Tofu abspülen, mit einem sauberen Geschirrtuch trocken tupfen und in 2 cm große Würfel schneiden. Die *miso*, den *mirin*, die *tamari* und den Agavendicksaft in einer kleinen Schüssel verrühren. Die Mischung beiseitestellen. Die Schale der Aubergine so abschälen, dass jeweils ein Streifen Schale neben einem geschälten Streifen stehen bleibt. Das Auberginenfleisch fein würfeln, salzen und in einer Schüssel zugedeckt 15–20 Minuten ziehen lassen.

Jetzt muss es schnell gehen! In einem Wok oder einer Pfanne das Öl erhitzen und darin die Schalotte, den Knoblauch, den Ingwer und die Chilischoten anbräunen. Nicht zu lange braten, weil der Knoblauch sonst bitter wird. Die Auberginenwürfel dazugeben und mitbraten, bis sie leicht ansetzen. Alles mit der *miso*-Mischung ablöschen. Dann den Tofu und 50–100 ml Wasser dazugeben und alles köcheln lassen, bis die Flüssigkeit eindickt.

Auf Serviertellern anrichten, mit den Schnittlauchröllchen bestreuen und mit lockerem, braunem Jasminreis servieren.

CHAHAN – JAPANISCHER GEMÜSEREIS ⊗

In Japan wird der CHAHAN nicht so scharf und knusprig gebraten wie etwa in Thailand, sondern in köstlicher Marinade geschwenkt. Am besten klappt das mit kaltem Reis, das Rezept eignet sich also perfekt zur Resteverwertung. Reis und Gemüse werden zunächst in Knoblauchbutter angebraten, um dann, einem Risotto ähnlich, in einer glänzenden WASABI-SAKE-Sojasauce fertig zu garen.

Vorbereitung: 30 Minuten • Kochzeit: 10 Minuten, plus Kochzeit für den Reis

ZUTATEN

Für den Reis:

**400 g japanischer brauner Rundkornreis
oder brauner Risottoreis**
1,2 l *dashi* (siehe Seite 190)
50 g vegane Butter
4 Knoblauchzehen, zerdrückt
150 g Tofu mit Algen
2 EL Sonnenblumenöl
200 g Austernpilze
2 Schalotten, fein gehackt
1–2 kleine Chilischoten (Schärfe nach Geschmack)
1 mittelgroße Karotte
4–8 Frühlingszwiebeln (je nach Größe)
100 g Mais
Pfeffer aus der Mühle
Meersalz

Für die Marinade:

100 ml *dashi* (siehe Seite 190) oder Wasser
1 EL *mirin* (Reiswein)
1 EL *sake*
6 EL *tamari* (japanische Sojasauce)
1 Stück frischer Ingwer (4–5 cm), fein gerieben
1 TL *wasabi* oder 2 EL scharfer Senf
3 EL Agavendicksaft
½ TL Pfeffer aus der Mühle

Den Reis in einem Sieb sehr gut waschen, bis das Wasser klar abläuft. Wenn möglich, 1–2 Stunden einweichen lassen. Den Reis in der *dashi* oder der gleichen Menge Wasser al dente kochen. Abkühlen lassen und 1–2 Stunden im Kühlschrank vollständig abkühlen lassen.

In der Zwischenzeit die Butter gründlich mit dem Knoblauch vermischen. Beiseitestellen. Den Tofu in 1 cm große Würfel schneiden, in etwas Öl in einem Wok oder einer Pfanne goldbraun braten, auf Küchenpapier abtropfen lassen und beiseitestellen. Die Austernpilze in Streifen rupfen und mit den Schalotten und den Chilischoten in derselben Pfanne goldbraun anbraten. Beiseitestellen. Die Karotte in sehr feine Stifte schneiden. Die Frühlingszwiebeln schräg in 6–8 cm lange Stücke schneiden.

In einem kleinen Topf für die Marinade alle Zutaten verrühren. Die Mischung erwärmen und 10–15 Minuten bei niedriger Temperatur eindicken lassen.

Nun muss es schnell gehen! Die Knoblauchbutter im Wok erhitzen und die Karotten darin weich braten. Die Temperatur erhöhen, die Frühlingszwiebeln und den Mais dazugeben und alles leicht anbräunen. Den Tofu, die Pilze und den Reis hinzufügen und die Mischung braten, bis sie leicht ansetzt. Mit der Marinade ablöschen und alles so lange weiterbraten, bis die Flüssigkeit aufgenommen wurde, der Reis aber noch glänzt. Mit Pfeffer und Salz abschmecken und ganz heiß servieren.

GRÜNTEE-EIS ⊗ ⊗

In ganz Asien wird erfrischendes Grüntee-Eis am Stiel, in der Waffel oder im Becher genossen. Leider wird es dort selten mit echtem MATCHA-Grünteepulver, häufiger mit Bindemitteln wie Xanthan oder Guarkernmehl zubereitet. Diese verführerisch cremige Süßspeise schmeckt am besten, wenn sie in der Eismaschine zubereitet wird. Mit etwas mehr Aufwand geht es aber auch ohne.

Vorbereitung: 10 Minuten, plus 30–60 Minuten in der Eismaschine

ZUTATEN

450 g Avocadofleisch
Saft von 1 Limette
250 ml Kokosmilch
200 ml Mandelmilch
3 EL *matcha*-Grünteepulver (kann zur Hälfte durch Gerstengraspulver ersetzt werden)
½ TL Vanillepulver
100 ml Ahornsirup

Alle Zutaten im Mixer zu einer glatten Masse verarbeiten und diese in die Eismaschine geben. Falls keine Eismaschine zur Verfügung steht, in einer flachen Form 1 Stunde ins Gefrierfach geben. Alle 15 Minuten herausnehmen und umrühren, um die Bildung von Eiskristallen zu vermeiden und eine cremige Konsistenz zu erhalten.

Zutatentipp: MATCHA

Matcha ist japanisch und bedeutet »gemahlener Tee«. Traditionell besteht das Grünteepulver aus den Teesorten *tencha* und *gyokuro*. *Matcha* wird auf besondere Weise mit heißem Wasser aufgegossen oder für besonders delikate Speisen verwendet. Der edle *matcha* besitzt zudem, so sagt man, aufgrund der vielen enthaltenen Antioxidantien eine besonders gesundheitsfördernde Wirkung. Beim Kauf ist es wichtig, auf die Qualität zu achten. Anstatt billige, geschmacklich und qualitativ meist sehr minderwertige Grünteepulver zu verwenden, ist Bio-*matcha* zu bevorzugen. Für Süßspeisen, Shakes und Smoothies kann *matcha* zur Hälfte durch das leuchtend grüne Gerstengraspulver ersetzt werden.

KOKOS-KLEBREIS MIT SÜSSEN KUMQUATS ⊗ ⊗

In China hat Essen oft auch symbolische Bedeutung: Lange Nudeln stehen für ein langes Leben, wie Münzen geformte Küchlein und Frühlingsrollen für Wohlstand und leuchtende Orangen und Kumquats verheißen Glück. Im Sinne dieser Symbolsprache wird auch das chinesische Neujahrsmenü zusammengestellt. Dieses Rezept ist eine etwas abgewandelte Form des Reiskuchens NIAN GAO. Der schwarze Klebreis steht für familiäre Harmonie.

Vorbereitung: 20 Minuten, plus 4–5 Stunden Einweichzeit für den Klebreis • Kochzeit: 20–40 Minuten (je nach Reissorte) • Hilfsmittel: 1 Dämpfkorb

ZUTATEN

**160 g schwarzer oder weißer Klebreis
(»Thai Sticky Rice« aus dem Asialaden)**
250 g Kumquats
100 ml Agavendicksaft
100 ml Kokosmilch (Vollfett)
1 Prise Meersalz
4 EL Kokosraspel

Den Reis mit Wasser bedecken und 4–5 Stunden oder über Nacht einweichen lassen. Den Dämpfeinsatz mit einem Käsetuch oder einer Baumwollserviette auslegen und den Reis darauflegen. Über kochendem Wasser 20–40 Minuten dämpfen, bis er gar und transparent ist.

In der Zwischenzeit die Kumquats in dünne Scheiben schneiden und in einem kleinen Topf mit etwas Wasser und 4–5 EL Agavendicksaft aufkochen. Nach 2–3 Minuten vom Herd nehmen und etwas abkühlen lassen. Den Vorgang dreimal wiederholen, bis die Kumquatscheiben klebrig glänzen.

Sobald der Reis gar ist, die Kokosmilch mit dem restlichen Agavendicksaft und dem Salz in einem Topf erwärmen, aber nicht aufkochen. Den Reis dazugeben, alles gut verrühren und 2–3 Minuten köcheln lassen. Den Herd ausschalten und die Mischung 5 Minuten ruhen lassen, bis der Reis die Kokosmilch ganz aufgesogen hat.

Die Kokosraspel in einer kleinen Pfanne ohne Fett goldbraun rösten. Den Klebreis auf kleinen Tellern zu runden Küchlein formen, mit Kokosraspeln bestreuen und mit den karamellisierten Kumquats belegen.

REGISTER

BILDNACHWEIS

Shutterstock:

S. 83 unten li., S. 153 Mitte li. (adirekjob), S. 47 oben r. (Anneka), S. 152 (Bokic Bojan), S. 47 unten li. (dgcampillo), S. 46 oben li. (Viktoria Gavrilla), S. 47 oben li. (Anthon Jackson), S. 46 oben r. (Attila JANDI), S. 118 unten (Jule_Berlin), S. 119 oben li. (Dudarev Mikhail), S. 13 unten li. (MJ Prototype), S. 186 oben li. (Pack-Shot), S. 46 unten r. (Rowan S), S. 118 Mitte (Sasapee), S. 12 oben li. (silentwings), S. 47 unten r. (silver-john), S. 153 unten r. (sp.VVK), S. 13 oben li. (ThanomphongJantharotjana), S. 187 oben li. (totojang1977), S. 46 unten li. (Anibal Trejo), S. 83 oben r. (Natali Zakharova), S. 119 unten r. (HUANG Zheng)

Christina Julius:

S. 12 oben r., S. 12 Mitte li., S. 12 Mitte, S. 12 Mitte r., S. 12 unten li., S. 12 unten r., S. 13 unten r., S. 13 oben r., S. 46 Mitte, S. 82, S. 83 oben li., S. 83 unten r., S. 118 oben li., S. 118 oben r., S. 118 Mitte r., S. 119 unten li., S. 119 oben r., S. 153 oben r., S. 153 unten li. , S. 186 unten, S. 136 oben r., S. 186 Mitte r., S. 187 unten li. u. r., S. 187 oben r.

Heather Bonker:

Autorenportrait U4

DANK

Das Schreiben dieses Kochbuchs ähnelte in für mich beruhigender Weise der Zubereitung eines Zehn-Gänge-Menüs: Es war nur im Team möglich.

Eva Salzgeber und Annemarie Heinel hatten die Idee und glasklare Vision zu dieser kulinarischen Weltreise. Eva Dotterweich und Frau Heinel hielten die Projektzügel fest in der Hand und nahmen mir so viel Arbeit ab, dass ich mich auf das Schönste konzentrieren durfte: in der Küche zu experimentieren, abzuschmecken, zu verkosten und in großer Runde zu schlemmen!

Heike Gürtler, die meine Worte und die strahlenden, einladenden Bilder von Nicolas Leser grafisch zu einer harmonischen Einheit zusammengefügt hat, entzündete auch den Initialfunken für dieses Projekt, indem sie mich mit dem Christian Verlag bekannt machte.

Ulrike Skadow stellte sich brillant der Herausforderung, jedes Rezept ohne helfende Bildvorlage nachzukochen und vor Nicolas Lesers Linse im passenden Dekor aufzutischen. Ihre regelmäßigen Berichte über das Gelingen der Gerichte waren für mich immer wieder Quelle der guten Laune.

Gundula Müller-Wallraf war der Traum eines jeden Autors: Sie straffte, »knetete«, zauberte und brachte meine doch oft ausschweifenden Gedanken und Rezepte in ein wundervoll fließendes Deutsch und die richtige Form.

Ihnen allen bin ich unendlich dankbar, denn sie haben einen Lebenstraum zur Erfüllung gebracht.

Viele Menschen haben dieses Projekt auch unbewusst beeinflusst: Sharon Gannon und David Life, Gründer des Jivamukti-Yogas und vegane Aktivisten aus den USA, wiesen mir den Weg in eine vegane und sanfte Lebensweise. Sayuri Tanaka und Ben Richards bildeten mich in Bali zum veganen Küchenchef aus und lehrten mich, auch ohne Fleisch und Soja köstliche, deftige und gesunde Sattmacher zuzubereiten. Ihnen bin ich zutiefst dankbar, so wie all den Köchen, Freunden, Heilern und Hausfrauen, denen ich auf meinen Reisen in die Töpfe schauen durfte.

Nuray Kaynar, tausend Dank für den wundervollen Dolma-Wickelabend und deine Freundschaft. Dad und Elizabeth, ich danke Euch für die Konservierung vieler Familienrezepte und eure bedingungslose Liebe. Und Adam, du weißt gar nicht, wie wertvoll deine Aufmunterung bei der Erstverkostung einiger misslungener erster Versuche war – merci!

Christina Julius, im Januar 2014

Ebenfalls erhältlich ...

ISBN 978-3-86244-180-8

ISBN 978-3-86244-507-3

ISBN 978-3-86244-259-1

ISBN 978-3-86244-499-1

CHRISTIAN

www.christian-verlag.de